KAMPENWAND
VERLAG

ISBN: 978-3-98660-127-0

Raiffeisenstr. 4 · D-83377 Vachendorf
www.kampenwand-verlag.de

Autor: Thomas Foster
www.thomasfostermusikproduktion.com

1. Auflage 2023
Korrektorat: Inez Ulrich
Coverdesign: Peter Kent
Bildmaterial: © Shutterstock Marish, Albania; Bolbik, Belarus; Alluvion Stock, USA; Fox Design

Versand & Vertrieb durch Nova MD GmbH
www.novamd.de · bestellung@novamd.de · +49 (0) 861 166 17 27

Printed in Czech Republic
FINIDR, s.r.o. · Lípová 1965 · 737 01 Český Těšín

THOMAS FOSTER

EDM KOMPONIEREN

Basics der elektronischen Musik

INHALT

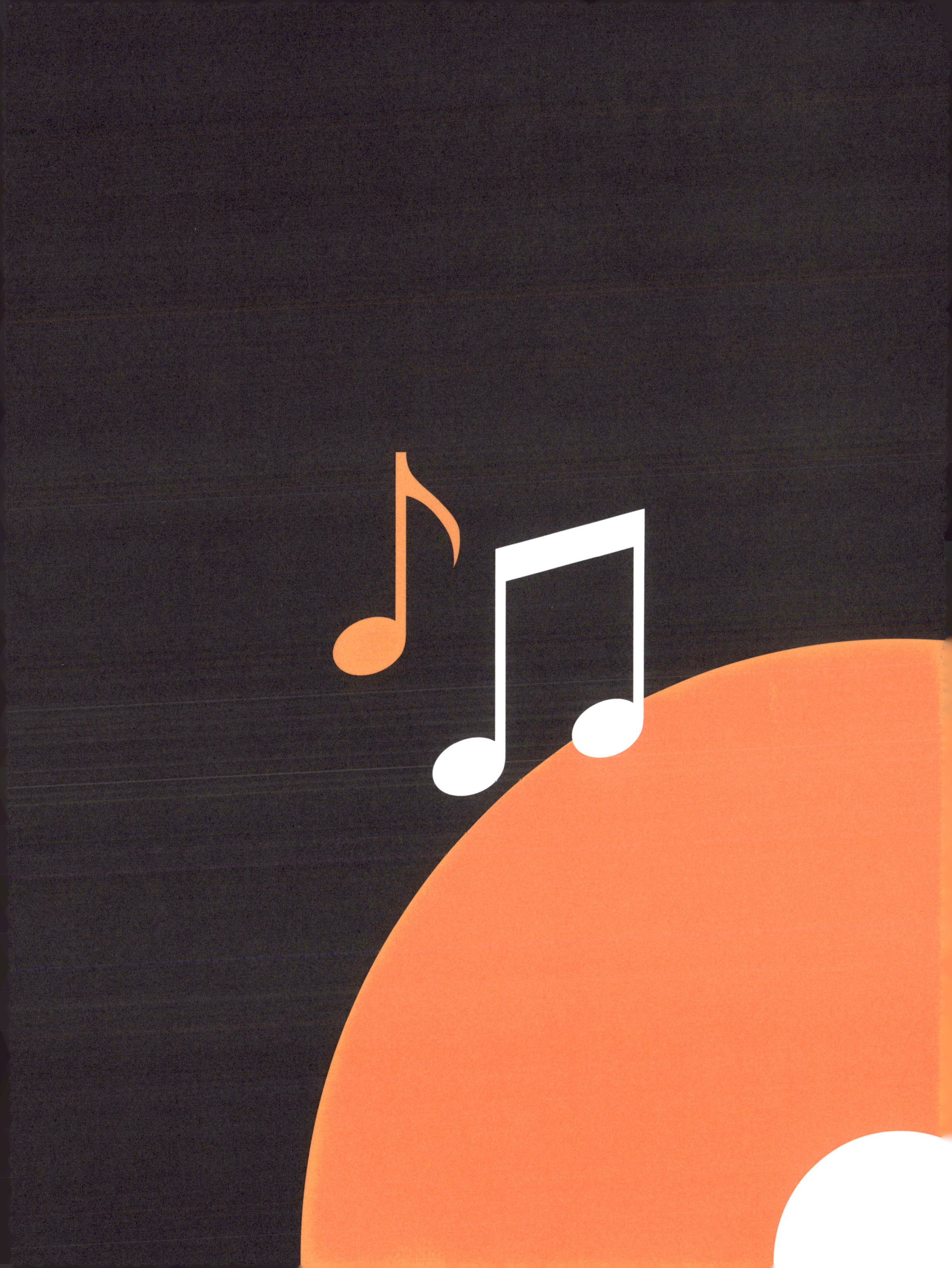

VORWORT

In den 80er Jahren, in denen ich aufgewachsen bin, war Musikproduzieren ein Thema, das nur wenigen Menschen vorbehalten war. Nämlich denen, die es sich leisten konnten, ein Tonstudio zu kaufen oder zu mieten. Das hat sich heute komplett geändert: Martin Garrix war gerade einmal 16 Jahre alt, als er mit einem Laptop seine ersten Erfolge produzierte. Viele der heutigen Produzenten starten als DJ und lernen dann durch irgendwelche Youtube-Videos den Umgang mit einem Musikprogramm, wie Ableton, FL Studio oder Cubase kennen, und produzieren damit ihre ersten Tracks vom Schlafzimmer aus. Dabei ist es gar nicht so schwer zu verstehen, wie man einen Beat produziert, einen Filter automatisiert oder irgendwelche Loops zusammenmischt.

Schwierig wird es für die meisten erst dann, wenn es darum geht, Noten in die Notenrolle einzufügen. Denn erst das bedeutet letztendlich, Musik zu komponieren! Und das lernt man nicht mal eben an einem Nachmittag. Viele besorgen sich an dieser Stelle ein Buch zum Thema „Musiktheorie". Das Problem dabei ist, dass diese Bücher oftmals unnötig umfangreich sind. Zum einen liest man über viele Kirchentonarten, die man wahrscheinlich nie brauchen wird, und zum anderen dauert es oft Jahre, das Lesen und Schreiben von Noten, die dem Ganzen zugrunde liegen, zu beherrschen.

Dieses Buch konzentriert sich darauf, dir ein kompaktes Grundwissen an die Hand zu geben, mit dem du eine Chord-Progression, also eine Harmoniefolge erstellen kannst, und auf dieser eine Melodie schreiben kannst. Kurz und einfach erfährst du alles, was du brauchst, um deinen nächsten EDM-Hit zu komponieren!

Du erfährst den Unterschied zwischen einer Sechzehntel- und einer Achtel-Triole, den Unterschied zwischen Dur und Moll. Du lernst die Akkorde kennen und welche davon zusammenpassen. Weiters gebe ich dir eine erste Idee, wie man darauf eine Melodie entwickelt. All das ist nämlich gar nicht so schwierig, wenn man einmal die Grundregeln verstanden hat.

Um es noch einfacher zu machen, findest du zu fast jeder Grafik in diesem Buch einen QR-Code, als Link zu einem Youtube-Video, in dem du dir das jeweilige Beispiel auch anhören bzw. ansehen kannst. Dieses Video steht auf meinem Youtube-Channel „Thomas Foster Musikproduktion" und trägt den Titel „EDM komponieren – Basics der elektronischen Musik (Hörbeispiele)".

Ein QR-Code-Reader ist entweder bereits in der Kamera deines Mobiltelefons integriert, oder du lädst dir eine kostenlose App aus dem Internet, oder einem Appstore.

scan me!

Ich empfehle dir ein Kapitel durchzulesen und alles, was du gelernt hast, sofort mit der DAW deiner Wahl auszuprobieren und damit zu experimentieren.

Was ist eine DAW?

DAW steht für "Digital Audio Workstation" und ist ein Computer-Musikprogramm. Solltest du noch keines haben, kann ich dir Folgendes empfehlen: Wenn du auf einem Mac, also mit OSX arbeitest, kannst du dir kostenfrei das Programm Garage Band installieren. Wenn du auf einem PC arbeitest, kann Ableton, Cubase oder FL Studio eine Option sein.

Für all diese Programme findest du jeweils mehrteilige Kurse auf meinem Youtube-Channel. Einfach den Namen des Programms und, wenn notwendig, meinen Namen „Thomas Foster" zusätzlich als Suchbegriff auf Youtube eingeben, und schon kannst du loslegen. Wenn du kein richtiges Programm kaufen und lernen möchtest, kannst du auch eine Online-DAW, wie zum Beispiel soundtrap.com ausprobieren. Das hat den Vorteil, dass du keine Installation brauchst und an jedem Rechner, der online ist, sofort arbeiten kannst.

Bevor du aber so richtig loslegst, möchte ich dir noch etwas Wichtiges mitgeben:

Musik zu produzieren, egal in welchem Genre, ob Techno, House oder Hip Hop, ist eines der kreativsten und wunderbarsten Dinge, die man machen kann, und ich freue mich, wenn ich Dich dabei unterstützen kann. Es geht nicht immer darum, die Dinge perfekt zu machen, sondern du sollst auch Spaß dabei haben und diesen Spaß in Beats und Tönen so ausdrücken, dass er beim Hörer ankommt.

ZUM AUTOR

– ALSO ÜBER MICH ...

Kurz nachdem ich mit sieben Jahren ein Schlagzeug bekommen hatte, spielte ich mit meinem Vater und meiner Schwester die Musik für einen katholischen Gottesdienst. Wir spielten Songs von den Beatles. Mein Vater allerdings schrieb die Texte um, und so wurde aus „Oh I need your love, babe“ „Oh Herr du bist heilig“.

Nach dem Gottesdienst kam ein Junge meines Alters zu mir und sagte: „Wenn ich einmal auf deinem Schlagzeug spielen darf, darfst du auf meiner Orgel spielen!“ Aus diesem Deal heraus entstand unsere erste Band „The Flying Potatoes“. Dieser Junge war Peter Kent, mit dem ich später unsere Firma „Foster Kent“ gründete.

Foster Kent produziert heute akustische Designs, also sogenannte Jingles, für die erfolgreichsten Radiostationen weltweit. Wenn du zum Beispiel mit einem Taxi durch New York fährst, ist die Chance groß, dass du unsere Musik hörst, denn die meisten Taxifahrer hören „1010 Wins New York“, den Nachrichten-Sender, auf dem alle 20 Minuten ein von uns komponierter Nachrichten-Jingle läuft. Wir haben Jingles für deutschsprachige Radiostationen wie Hitradio Ö3, Bayern 3, NDR 2, YouFM, MDR Jump oder WDR 2 gemacht. Dafür steht der Name Foster Kent, und damit verdienen wir unser Geld.

Aber wir haben auch immer gerne eigene Produktionen gemacht: So starteten wir vor etwa 20 Jahren in Kooperation mit dem DJ Christian Hornbostel das Projekt „House Pacific“, eine Radiosendung, die jede Woche die besten House-Tracks der Welt ermittelte. Im Zuge dieses Projektes produzierten wir viele House-Tracks, die man in den Clubs auf Ibiza und in London hören konnte.

Vor einigen Jahren startete ich meinen Youtube-Channel „Thomas Foster Musikproduktion“, auf dem sich alles um das Thema Musikproduktion dreht. Im letzten Jahr wurde über eine Million mal auf meine Videos geklickt. Weiters gibt es einen Podcast, der ebenfalls „Thomas Foster Musikproduktion“ heißt. Wenn du diesen von Anfang anhörst, lernst du alles, was du zum Thema Musikproduktion wissen solltest.

Und weil man ja sonst nichts zu tun hat, habe ich noch mit zwei Freunden das Projekt „Mugent“ gestartet. Mugent.com ist zum einen eine Webpage, auf der man hochwertige Loops und Samples zum Produzieren von Musik finden und kostenlos downloaden kann. Und es gibt bereits ein erstes Plugin: Den Mugent Player! Dieses Plugin kann man kostenlos downloaden, sowie einige Sounds, die du darin findet. Das Ziel dieser Firma ist, die Art und Weise, wie man heute Musik produziert, so zu ändern, dass es sowohl für Profis als auch für Hobby-Produzenten schneller, einfacher und viel effizienter wird.

Aber bis es so weit ist, musst du wohl doch erst einmal die Theorie lernen, um Musik produzieren zu können! Deshalb wünsche ich dir viel Erfolg und Spaß mit diesem Buch!

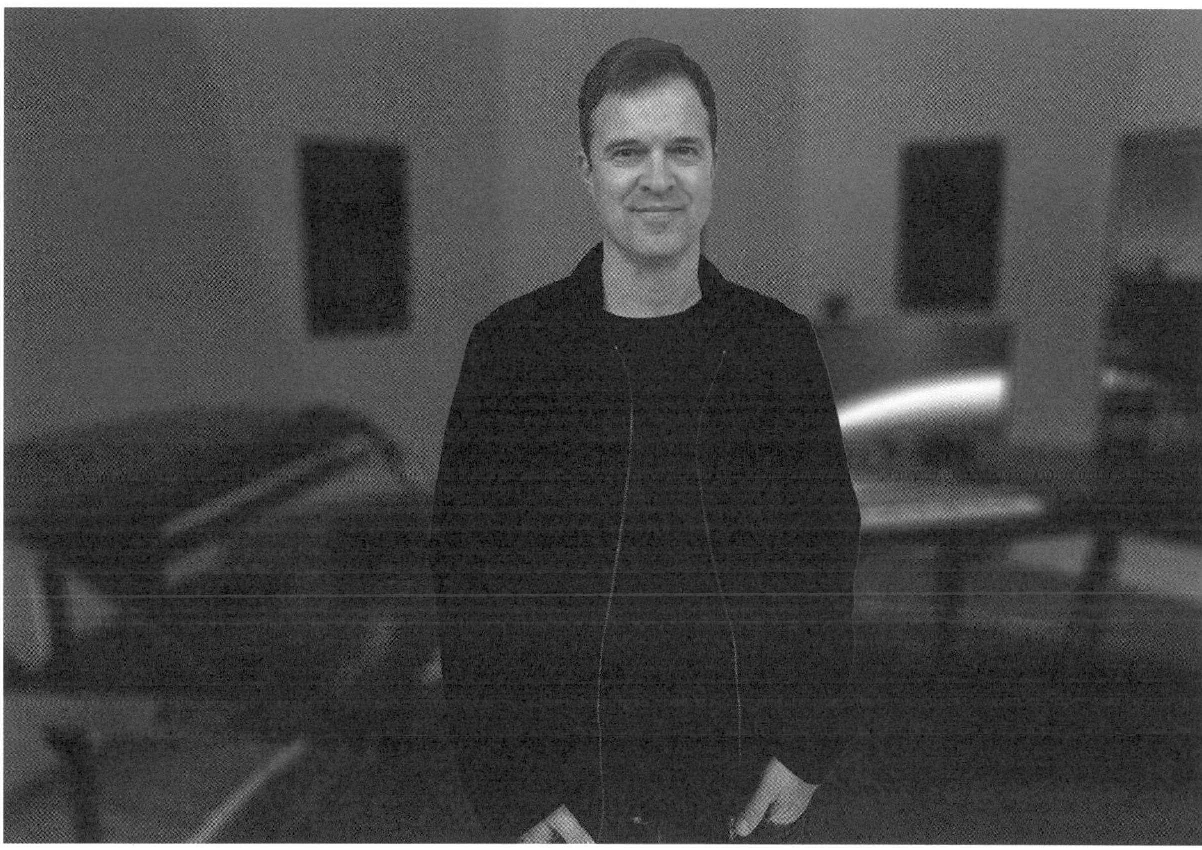

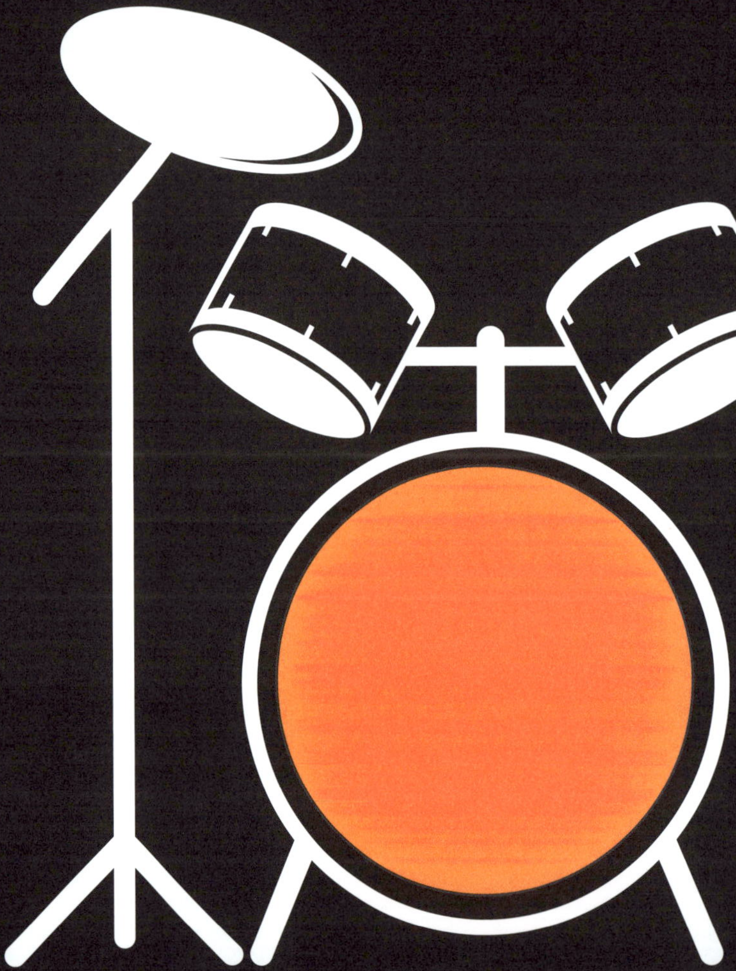

DER RHYTHMUS

FOUR TO THE FLOOR

Ich war gerade einmal 16 Jahre alt, als ich einen Termin in einem Tonstudio in Salzburg hatte, wo ich mich als Arrangeur beweisen sollte. Nachdem man mir das gesamte Studio gezeigt hatte, stand ich vor einer Drum Machine namens TR-909. „Dann zeig doch mal, was du kannst, und programmiere uns einen coolen Beat. Ich bin dann in 20 Minuten wieder da." Was ich damals noch nicht wusste, war, dass dieses weiße Gerät mit seinen leuchtenden Buttons der Firma Roland einmal die Mutter der Drum Beats, aller House- und Techno-Tracks, werden sollte.

Da stand sie nun vor mir: die TR-909. Damit konnte man zunächst einen Sound auswählen, also eine Kick, oder eine Snare, und dann bestimmten die 16 Buttons die Sechzehntel eines Taktes. Ich wählte also eine Bassdrum aus und drückte den ersten, fünften, neunten und dreizehnten Button: „Four-to-the-floor". So einfach und doch so magisch! Wie viele Tracks auf diesem Planeten stützen sich wohl auf diese Basis, haben damit Millionen von uns zum Tanzen gebracht, und werden es wohl noch über viele Generationen tun?

Dieses Kapitel beleuchtet auf der Basis des 4/4-Taktes den Four-to-the-floor-Beat und erklärt alle Details, die man verstehen sollte, um Beats für Techno, House und alle ähnlichen Club-Genres zu programmieren.

Die meisten Tracks im Bereich der House- und Techno-Musik sind um die 125 bpm angesiedelt. Was bedeutet das? BPM steht für Beats Per Minute, also „Schläge pro Minute". Ein Schlag hat die Dauer einer Viertel Note. Wenn du also einen House-Track mit 125 bpm hörst und startest beim Schlag der ersten Bassdrum die Stoppuhr und zählst dann die Anzahl der Bassdrum-Schläge einer Minute, solltest du auf genau 125 Schläge kommen. Jedes Genre definiert sich unter anderem durch das Tempo.

Hier ist eine Liste verschiednerer Musikstile und deren Tempo-Bereich:

Dub	60–90 bpm
Hip Hop	60–120 bpm
House	120–130 bpm
Techno	120–140 bpm
Dubstep	130–145 bpm
Jungle / Drum and Bass	160–180 bpm

Alle Tracks in der elektronischen Musik, die ich kenne, haben einen 4/4-Takt. Das bedeutet, vier Schläge ergeben einen Takt. Jeder Schlag ist eine Viertelnote lang. Deshalb zählt man auch eins, zwei, drei, vier und dann startet der nächste Takt wieder mit der eins. Eine Viertel lässt sich in zwei Achtelnoten unterteilen. Daher hat ein Takt acht Achtelnoten. Die Achtelnote lässt sich in zwei Sechzehntelnoten unterteilen. Dieses Spiel kann man theoretisch beliebig oft fortsetzen. Natürlich hat jeder Techno- bzw. House-Track einen anderen Beat, aber alle basieren auf dem selben Grund-Beat, der leicht erklärt ist:

Die Bassdrum (Kick) schlägt auf den Viertelnoten, auf der ersten, fünften, neunten und dreizehnten Sechzehntel. Snare und Clap spielen auf jeder zweiten Kick, also auf der fünften und dreizehnten Sechzehntel, und die Hi-Hat spielt auf den sogenannten „Off-Beats", also auf den Achtelnoten, zwischen den Bassdrums. Das entspricht der dritten, siebten, elften und fünfzehnten Sechzehntel.

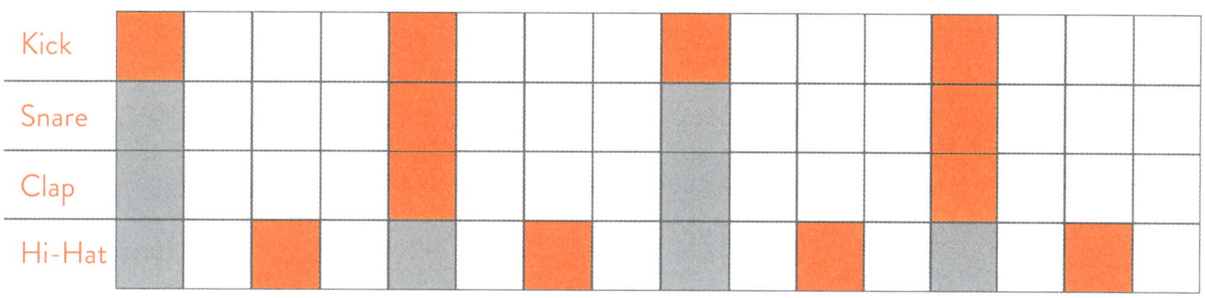

Abb. 1: Four to the floor – Die Basis aller Dance-Tracks

scan me!

Was sind nun die Dinge, die bei den Beats variiert werden, wodurch sie doch letztendlich alle ziemlich unterschiedlich klingen? Zunächst einmal ist das der Sound. Ich glaube, man könnte ein eigenes Buch über den Sound einer Bassdrum schreiben, und bei Clap und Snare verhält sich das nicht so anders. Aber sehr oft kommen noch weitere rhythmische Elemente dazu, die einen wichtigen Unterschied machen. Das können zusätzliche Hi-Hat- oder Percussion-Elemente sein, zu denen wir später noch kommen.

Die Elemente, die aber auf magische Weise entscheiden, wie sich der Groove anfühlt, sind die sogenannten „Ghost Notes". Diese Sounds sind meistens so gefiltert, dass sie wenig hohe und wenig tiefe Frequenzen haben. Sie klingen dadurch leise und hintergründig. Wenn zum Beispiel ein Schlagzeuger einen Funk-Beat spielt, spielt er die Snare laut auf der Zwei und der Vier (also der fünften und dreizehnten Sechzehntel). Zusätzlich spielt er auf seiner Snare mehrere kleine Zwischenschläge, die zwischen den Kick- und Haupt-Snare-Schlägen platziert werden. Diese sind in der Praxis nicht nur leiser, sondern sie haben auch einen anderen Sound. Durch das leichte Anschlagen der Snaredrum hat der Sound weniger Obertöne, und auch nicht so viele tiefe Frequenzen wie bei einem lauten Schlag. Diesen Effekt kopiert man in der elektronischen Musik, indem man die Sounds so filtert, dass sie ähnlich dünn und hintergründig klingen. So kann man auch die selbe Kick bzw. Snare, die man schon im Haupt-

Beat verwendet, für die Ghost Notes verwenden. Natürlich kann es auch spannend sein, völlig neue Sounds zum Einsatz zu bringen. Sehr häufig werden diese Ghost Notes eine Sechzehntel vor der Snare bzw. der Kick platziert.

Hier ein paar Beispiele

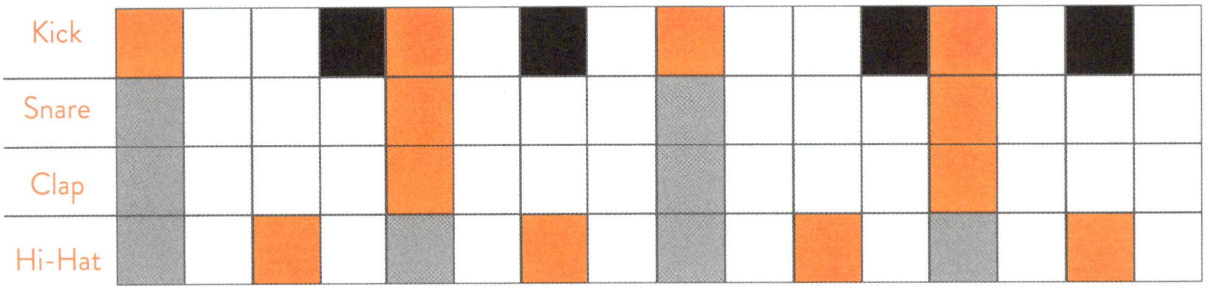

Abb. 2: Ghost Notes – Beispiel 1 (Ghost Notes sind schwarz)

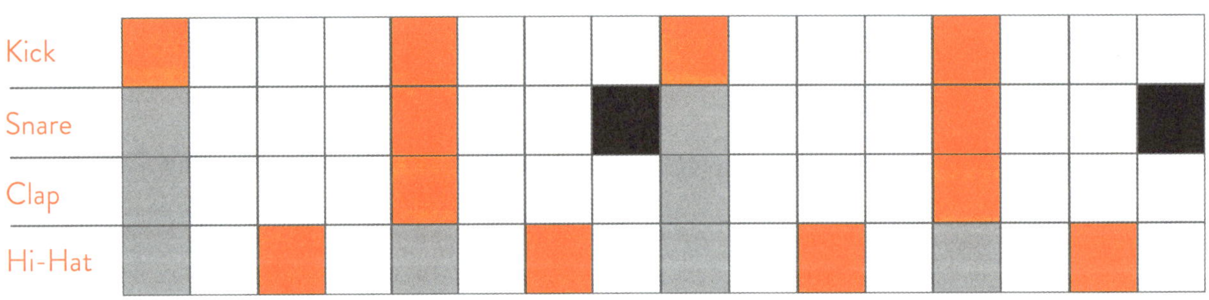

Abb. 3: Ghost Notes - Beispiel 2 (Ghost Notes sind schwarz)

Natürlich kann der Beat nach Belieben mit Percussion, wie Congas, Bongos, Shaker, Tamburin bzw. elektronischen Sounds, die eine ähnliche Funktion einnehmen, angereichert werden.

Ein weiteres wichtiges Element nenne ich „Sound Design“. So ist es möglich, einzelnen Schlägen einen langen Hall oder Delay (dt. Verzögerung) zu geben, und mit diesem rhythmisch zu spielen. Man kann auch vollkommen neue Soundeffekte hinzufügen, die man mit Lautstärke, Filtern oder anderen Effekten rhythmisch bearbeitet.

Ein Beispiel zu den rhythmischen Soundeffekten hörst du im Video zu diesem Buch. Das „Soundbeispiel 1“ kannst du aber auch über einen QR-Code-Reader schnell und bequem abrufen:

Die meisten DJs programmieren in der Praxis die Basis-Sounds, wie Kick, Snare, Clap und Hi-Hat selbst und reichern diesen Beat mit Loops (Audiodateien mit fertigen Beats) an, die sie aus einer Music Library oder anderen Tracks „gesampelt” haben. Diese Loops haben letztendlich genau die selben Elemente, wie die, die zuvor beschrieben wurden. Viele dieser Beats kannst du dir kostenfrei auf mugent.com downloaden.

RHYTHMIC PATTERN

In der elektronischen Musik wird sehr gerne mit rhythmischen Pattern (dt. Mustern) gespielt. Diese findet man nicht nur bei Percussion-Elementen, sondern auch bei Synthesizer-Riffs. Diesen rhythmischen Pattern liegt meistens ein einfacher mathematischer Gedanke zu Grunde. Ein Großteil der elektronischen Musik ist nicht nur im 4/4-Takt, sondern basiert auch auf einem straighten Sechzehntel-Raster. In so einem Raster ist immer alles durch vier teilbar.

Wie spannend werden die rhythmischen Verschiebungen, wenn man ein Element hinzufügt, das auf jedem dritten Sechzehntel platziert wird? Dadurch ergibt sich eine punktierte Achtel. Punktiert bedeutet in der Musik „um die Hälfte verlängert“. Das bedeutet bei einer Achtel, dass sie mit einer Dauer von zwei Sechzehntel, um die Hälfte, also um ein weiteres Sechzehntel verlängert wird.
Hier ein einfaches Beispiel, das man in sehr vielen Techno-Tracks wiederfindet:

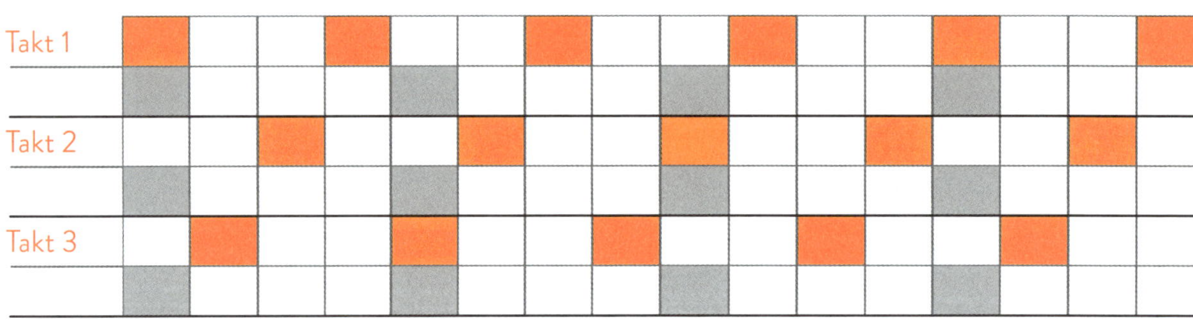

Abb. 4: Rhythmic Pattern – Achtel punktiert

Das Pattern verschiebt sich jeden Takt um zwei Sechzehntel nach rechts und nach drei Takten startet das Muster wieder von vorne. Natürlich kann man dieses Pattern so variieren, dass zwei von den drei Schlägen gespielt werden, und einer ausgelassen wird.

Das Prinzip ist exakt dasselbe, das Resultat jedoch hört sich komplett anders an.

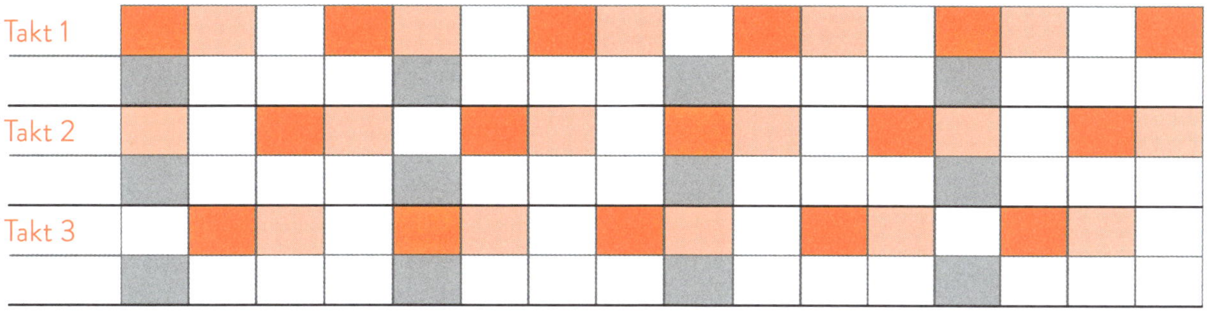

Abb. 5: Rhythmic Pattern – Zwei von drei Schlägen

Ein weiteres Beispiel: Wählen wir eine „Fünfer-Gruppe“ von Sechzehntel, bei denen die erste, dritte und vierte Sechzehntel gespielt wird. Auch dieses Pattern verschiebt sich jeden Takt um einen Schlag nach links, und braucht fünf Takte, um wieder am Anfang dieser Phrase zu sein.

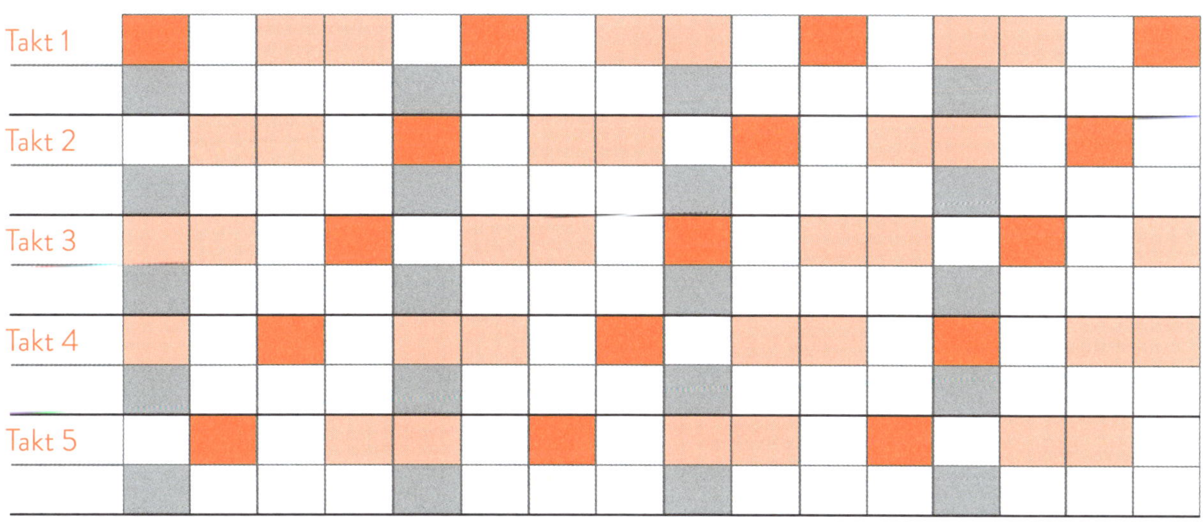

Abb. 6: Rhythmic Pattern – Drei von fünf Schlägen

In vielen Fällen spielt ein Instrument in straighten Sechzehntel, betont aber jede dritte Note. Was bedeutet „betont"? In jedem Sequenzer-Programm kann man jeder Note einen sogenannten „Velocity"-Wert geben (Velocity steht für Anschlag-geschwindigkeit). Die Schnittstelle MIDI sieht dafür 127 Stufen vor. Was die Velocity bewirkt, hängt davon ab, wie der Klang-Generator auf diese reagiert. Die häufigste Form ist die Lautstärke. Starke Velocity erzeugt also laute Töne und geringe Velocity erzeugt leise Töne. Sehr häufig steuert die Velocity auch einen Filter. Das bedeutet, Noten mit wenig Velocity haben wenig Obertöne und Noten mit viel Velocity haben viele Obertöne. Aber theoretisch kann die Velocity auch Einfluss auf viele ungewöhnliche Parameter wie Hall, Verzerrung, die Auswahl der Samples etc. haben.
In diesem Beispiel läuft ein Percussion-Element in Sechzehntel, aber die Velocity betont jede dritte Note:

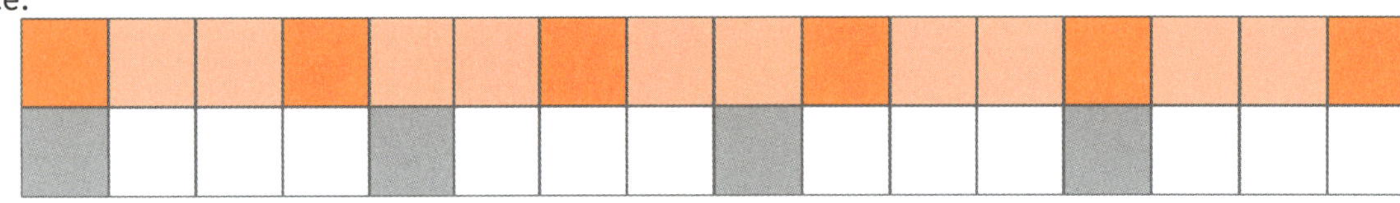

Abb. 7: Rhythmic Pattern – Betonung auf jeder dritten Note

Eine weitere Variante ist, anstatt der Velocity die Tonhöhe zu variieren. So könnte man zum Beispiel drei Töne wählen und diese in Sechzehntel abwechselnd laufen lassen, um einen ähnlichen Effekt zu erzielen.

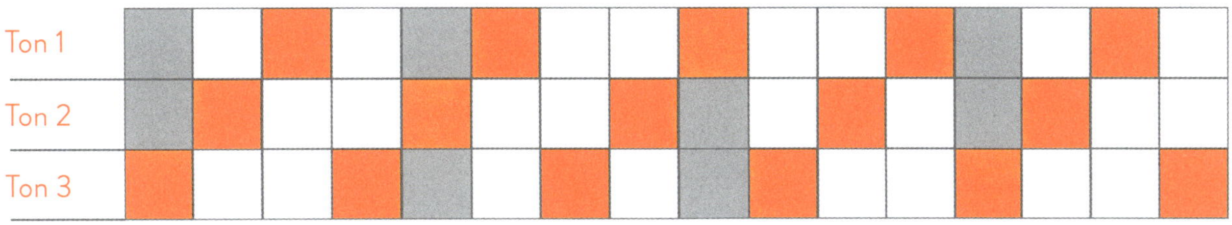

Abb. 8: Dreier-Betonung durch Änderung der Tonhöhe

Zusammengefasst kann man sagen, dass rhythmische Pattern, die auf einer logischen mathematischen Idee basieren, meist spannender klingen als willkürlich erfundene Pattern.

DER SWING

Wie oft hat man schon gehört: „Der Beat swingt zu stark“, „Der Song hat zu wenig „Swing“, oder Wir brauchen einen anderen Swing für diesen Track“. Was wird damit beschrieben? Ist das nur ein Gefühl, oder lässt es sich mathematisch genau erklären?

Tatsächlich ist Letzteres der Fall. Musiker „swingen“ zwar, mehr oder weniger, meist aus einem Gefühl heraus, aber auf dem Computer lässt sich der Swing exakt definieren bzw. einstellen. Das Problem dabei ist, dass die meisten Computerprogramme bzw. Plugins dafür verschiedene Definitionen haben. Bei Logic Pro wird der Swing in Buchstaben angegeben: Eine Quantisierung von 16 hat keinen Swing, eine Quantisierung von 16A oder 16B entspricht einem leichten Swing, 16D oder 16E entsprechen einem starken Swing. Ableton Live dagegen hat den sogenannten „Groove-Pool“, bei dem man sich einen Groove aussuchen muss, der den gewünschten Swing hat. Die meisten Programme bzw. Plugins geben den Swing in Prozent an.

Was ist der Swing nun eigentlich genau? Der Swing kommt aus dem Blues und dem Jazz. Es gibt einen Sechzehntel- und einen Achtel-Swing. Beim Sechzehntel-Swing wird jede zweite Sechzehntel etwas nach hinten geschoben. Also auf unserem TR-909-Drumcomputer wären das etwa der zweite, vierte, sechste und achte Button. Je stärker diese Sechzehntel nach hinten geschoben werden, umso stärker ist der Swing.

Sehr häufig findet man einen Swing, bei dem jede zweite Sechzehntel so weit nach hinten geschoben wird, dass die Position genau dem dritten Beat einer Sechzehntel-Triole entspricht. Bei einem Achtel-Swing wird jede zweite Achtel nach hinten geschoben.

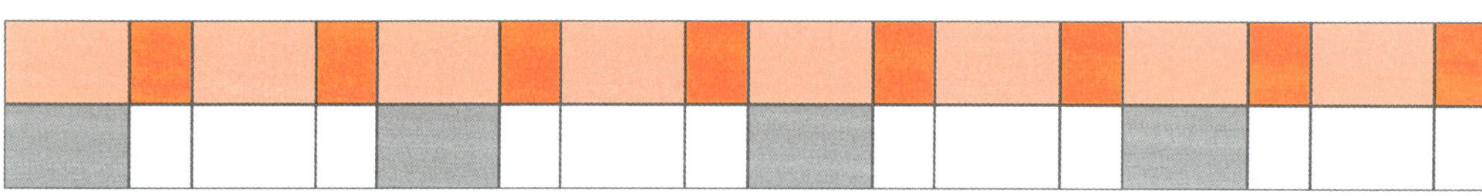

Abb. 9: Beat mit Sechzehntel-Swing

Das bedeutet, unser Standard-Beat, bei dem die Kick und die Snare auf den Vierteln liegen, und die Hi-Hat auf den Off-Beats, also auf jeder zweiten Achtel liegt, ist von einem 16er-Swing nicht betroffen, da keine Note auf einer der jeweils zweiten Sechzehntel liegt. Erst die Ghost Notes, die genau auf den Sechzehntel vor und nach den Beats liegen, sind von dem Swing betroffen. Oft beobachte ich bei jungen Djs bzw. Musikproduzenten wie sie mit dem Swing experimentieren, bei einem Beat, bei dem alle Schläge auf den Vierteln und Achteln liegen und daher nicht betroffen sind. Erst wenn man mit Beats arbeitet, die zumindest ein, zwei Schläge auf den jeweils zweiten Sechzehntel haben, kann man überhaupt einen Unterschied der verschiedenen Sechzehntel-Swing-Beats erkennen.

Wenn man sich einmal für einen Swing entschieden hat, sollte man unbedingt darauf achten, dass alle rhythmischen Elemente den selben Swing haben. Leichte Abweichungen können interessant klingen, aber stärkere werden in der Regel als unrhythmisch empfunden.

ZU DRITT MACHT'S MEHR SPASS

Bisher haben wir unsere vier Viertel eines Taktes immer durch zwei Achtel, bzw. vier Sechzehntel geteilt. Aber in der Musik kann man die Dinge auch durch drei teilen. Also ein Viertel durch drei geteilt ergibt drei Achtel-Triolen, die man aber auch als Zwölftel bezeichnen kann.

In einem Notenbild findet man in diesem Fall immer drei Achtel mit einer Drei darüber. In den Sequenzer-Programmen stellt man eher Zwölftel ein. Diese Triole findet man auch des Öfteren in elektronischer Musik. Es gibt Tracks, die als Grund-Beat Achtel-Triolen statt Sechzehntel verwenden, aber man findet auch viele Tracks, die nur für ein kurzes Break auf eine Triole wechseln.

Sehen wir uns einmal ein Beispiel eines triolischen Beats an. Kick, Snare und Clap spielen im Wesentlichen dasselbe, jedoch spielt die Hi-Hat die Zwölftel- bzw. die Achtel-Triolen.

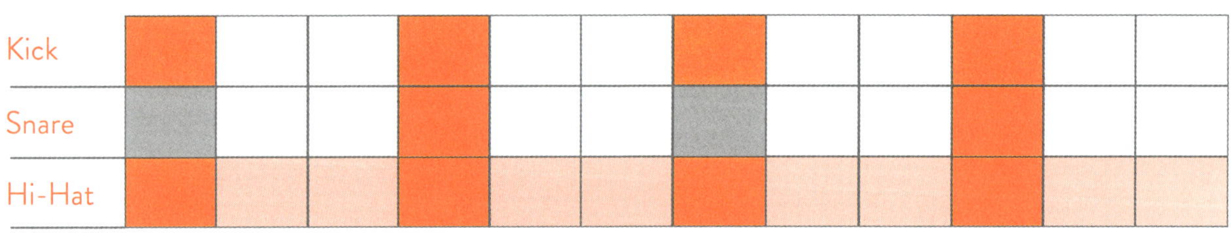

Abb. 10: Triolischer Beat

Natürlich gibt es nicht nur Achtel-Triolen, sondern auch alle anderen Formen, wie Sechzehntel-Triolen (entspricht 24tel bzw. 24 Beats pro Takt), Viertel-Triolen (entspricht der Quantisierung Sechs, also sechs Beats per Takt). Aber es gibt auch Quintolen (fünf Beats werden in der Zeit von vier Sechzehntel gespielt), Sextolen und noch ein paar mehr. Diese sind in der elektronischen Musik jedoch nur sehr selten zu finden.

Aber zurück zu meiner Geschichte! Da stand ich also mit der TR-909 und hatte 20 Minuten Zeit, einen Beat zu programmieren, zu einem Track, der auf einer Tascam MSR-16, eine 16-Spur-Tonband-Maschine, anlag. Nachdem ich eine Kick auf jedem Viertel platzierte, die Snare und den Clap auf die zweite und vierte Kick setzte, und eine Hi-Hat auf die Off-Beats (auf jedes zweite Viertel) einspielte, war mir klar, dass das wohl jeder so gemacht hätte und es nicht ausreichen würde, um positiv aufzufallen. Somit entschied ich mich für einen ungewöhnlichen Schritt: Ich nahm meine Beat-Programmierung auf zwei leeren Spuren der Tonband-Maschine auf, damit die Drum Machine wieder frei für Neues wurde. Nun drehte ich mit dem Equalizer des Mischpults die hohen und die tiefen Frequenzen weg und setzte die Lautstärke der TR-909 deutlich zurück. Ich programmierte ein paar Ghost Notes, setzte sie je eine Sechzehntel vor und eine Achtel nach der Snare. Dann stellte ich den Swing auf 75 Prozent. Jetzt begann der Beat zu „atmen“! Der gesamte Track klang nun viel moderner, musikalischer und cooler.

„So, dann lass mal hören!“, sagte Alois, der gerade mit einem Kaffee in der Hand wieder zurück kam. „Junger Mann, so wird das nichts. So, wie die Bassdrum „Bum, bum, bum“ durchhämmert, kann das kein Hit werden.“

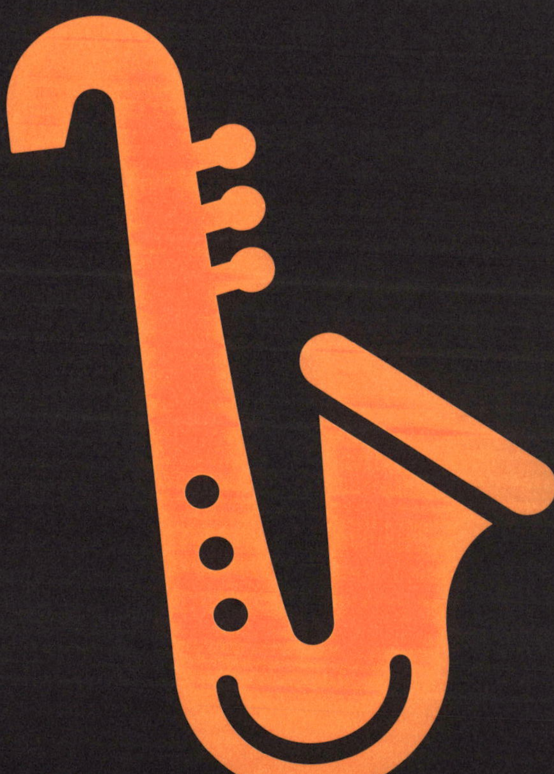

DIE WELT DER TÖNE

DIE WELT BESTEHT AUS SIEBEN TÖNEN

Wenn man einen guten elektronischen Track hört, stellt man sich die Frage: „Wer hatte diese geniale Idee?“ Die selbe Frage muss man sich auch zu unserem Tonsystem stellen, auf dem über 90 Prozent der elektronischen Tracks basieren. Genau genommen bei allen Tracks, die nicht eine reine Geräusche-Komposition sind, wie das zum Beispiel beim Techno oft der Fall ist. Wer hatte die geniale Idee, eine Oktave in zwölf Halbton-Schritte zu unterteilen und aus jeweils sieben dieser zwölf Töne eine Tonleiter wie „Dur“ und „Moll“ zu bilden?

Aber noch einmal ganz von vorn: Wenn man die Seite einer Gitarre genau in der Hälfte teilt, hat man den selben Ton, nur eine Oktave höher. Also die tiefste Seite einer akustischen Gitarre ist ein E2, und wenn wir diese genau um die Hälfte teilen, erklingt ein E3. Diesen Ton empfinden wir als den selben Ton, aber eben deutlich höher. So eine Oktave wird in zwölf Halbton-Schritten unterteilt, und sieben dieser zwölf Töne bilden eine Tonleiter.

Wer in Mathematik aufgepasst hat, der wird jetzt sagen: „Moment mal, die Hälfte von zwölf ist sechs. Wie kommen wir auf sieben Töne?“ Das liegt daran, dass so eine Tonleiter fünf Ganzton-Schritte und zwei Halbton-Schritte hat. Wo sich diese Halbton-Schritte befinden, entscheidet darüber, ob wir es mit einer Dur-Tonleiter, einer Moll-Tonleiter oder einer etwas spezielleren Tonleiter, zum Beispiel einer phrygischen oder mixolydischen zu tun haben.

Dies wird tatsächlich auf der Klaviertastatur sehr gut veranschaulicht: Wenn wir am Klavier mit dem „C“ starten (die weiße Taste links von den zwei schwarzen Tasten), und dann nach rechts die nächsten sieben weißen Tasten spielen, haben wir eine Dur-Tonleiter.

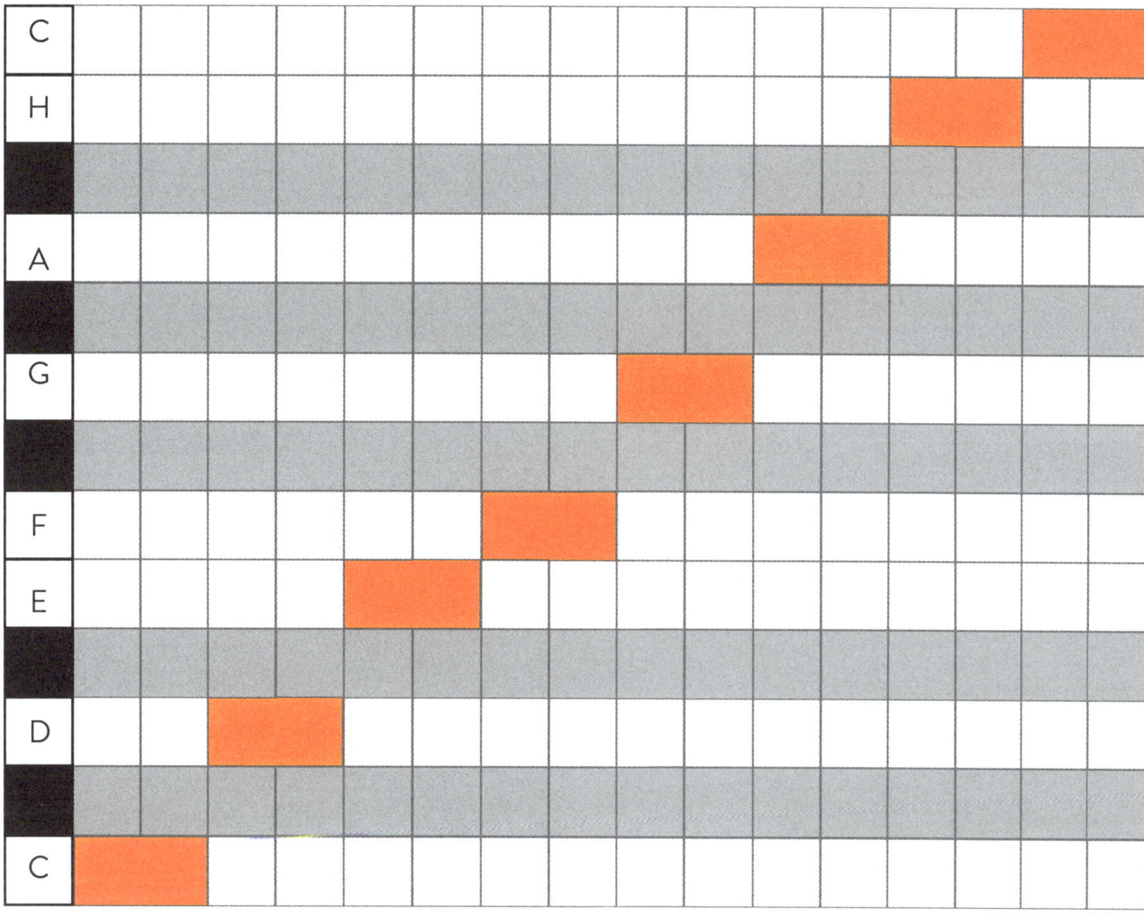

Abb. 11: Die C-Dur-Tonleiter

Diese Töne werden wie folgt benannt: C, D, E, F, G, A, H, C. Wobei das „H“ im englischen als „B“ bezeichnet wird. Zwischen dem C und dem D befindet sich eine schwarze Taste. Dadurch sind es zwei Halbton-Schritte von C nach D, also sprechen wir von einem Ganz-Ton-Schritt. Ebenso haben wir einen Ganzton-Schritt von D nach E. Keine schwarze Taste befindet sich zwischen dem E, dem F, dem H und dem darüber liegenden C. Die Halbton-Schritte bei einer Dur-Tonleiter befinden sich also zwischen dem dritten, vierten, siebten und achten Ton.

Wenn wir eine Dur-Tonleiter mit dem Ton E anstatt dem C beginnen, wird alles deutlich komplizierter: Wir starten mit einem Ganzton-Schritt, also ist der zweite Ton bereits nicht die nächste weiße Taste (welche das F wäre), sondern die schwarze Taste über dem F, die wir „Fis“ nennen. Insgesamt brauchen wir für eine Dur-Tonleiter in E vier schwarze Tasten.

Man spricht von vier Vorzeichen. Wenn man einen Track in Dur schreiben möchte, sollte man das der Einfachheit halber in C-Dur machen, damit man keine Vorzeichen hat, also dabei nur die weißen Tasten nutzt.

Die schwarzen Tasten einer Tastatur können zwei unterschiedliche Namen haben: Je nachdem, ob man die weiße Taste darunter erhöht, oder die weiße Taste darüber erniedrigt. Die schwarze Taste über dem C wird „Cis“ genannt und man notiert das mit einer Raute neben dem Buchstaben, also so: C#.

Die selbe Taste kann aber auch als erniedrigtes D gesehen werden und dann nennt man sie „Des”. Das schreibt man mit einem „b“ nach dem Buchstaben: „Db“. Und zur absoluten Verwirrung nennen wir den Ton unter dem H nicht „Hes“ sondern „Bb“. Im Englischen ist es aber der Ton unter dem B und der wird auch „Bbb“ geschrieben, aber als „B-double-flat“ bezeichnet.

C		
H		(englisch: B)
	A#	B (englisch: Bb)
A		
	G#	Ab
G		
	F#	Gb
F		
E		
	D#	Eb
D		
	C# (Cis)	Db (Des)
C		

Abb. 12: Benennung der Tasten am Klavier

Ein Großteil der Kinderlieder sowie viele Popsongs sind in Dur komponiert, aber ein großer Teil der elektronischen Musik in Moll. Also sollten wir uns die Moll-Tonleiter etwas genauer anschauen: Die Halbtöne einer Moll-Tonleiter befinden sich zwischen dem zweiten und dritten sowie dem fünften und sechsten Ton. Bei einer C-Moll-Tonleiter würde das drei Vorzeichen bedeuten, nämlich das Eb, Ab und Bb. Deshalb empfiehlt es sich, am Anfang immer in A-Moll zu arbeiten, denn da haben wir keine Vorzeichen und können einfach die weißen Tasten spielen.

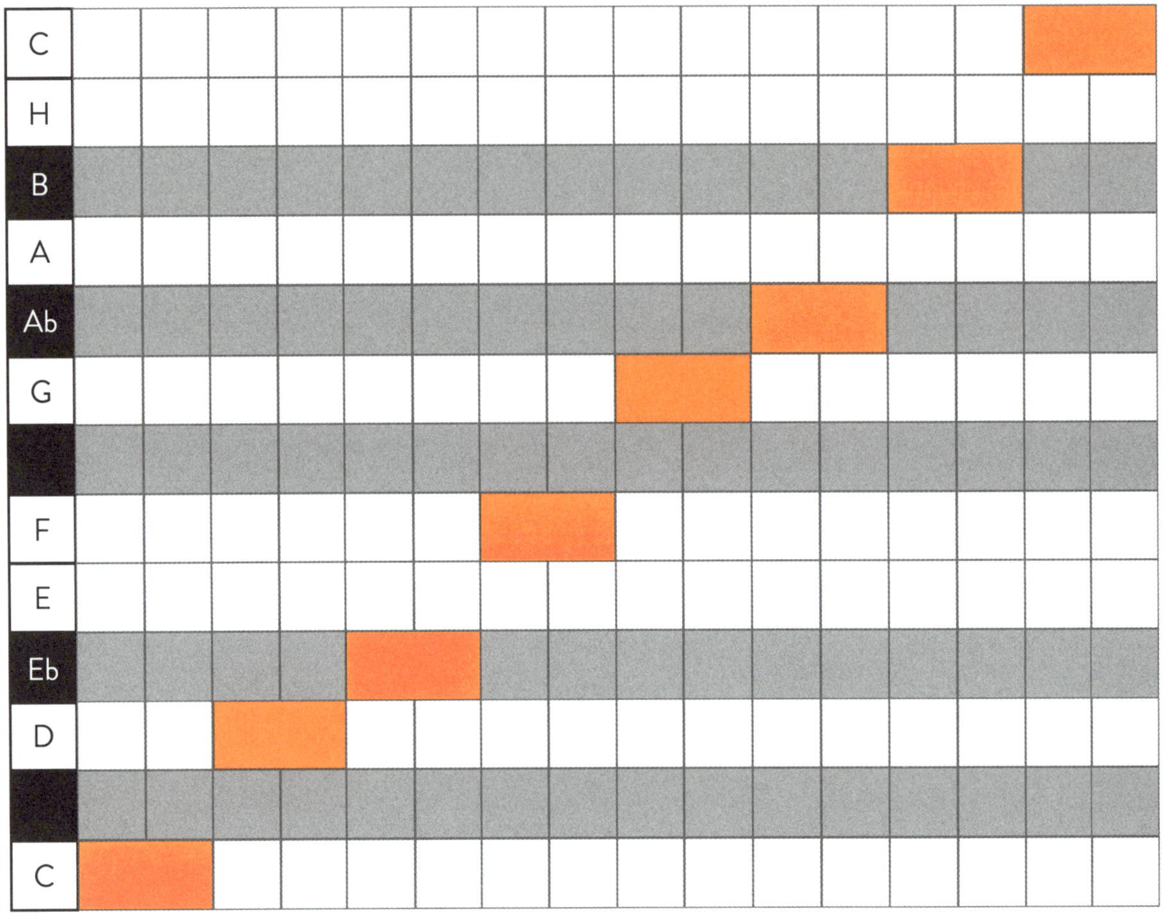

Abb. 13: Die A-Moll-Tonleiter

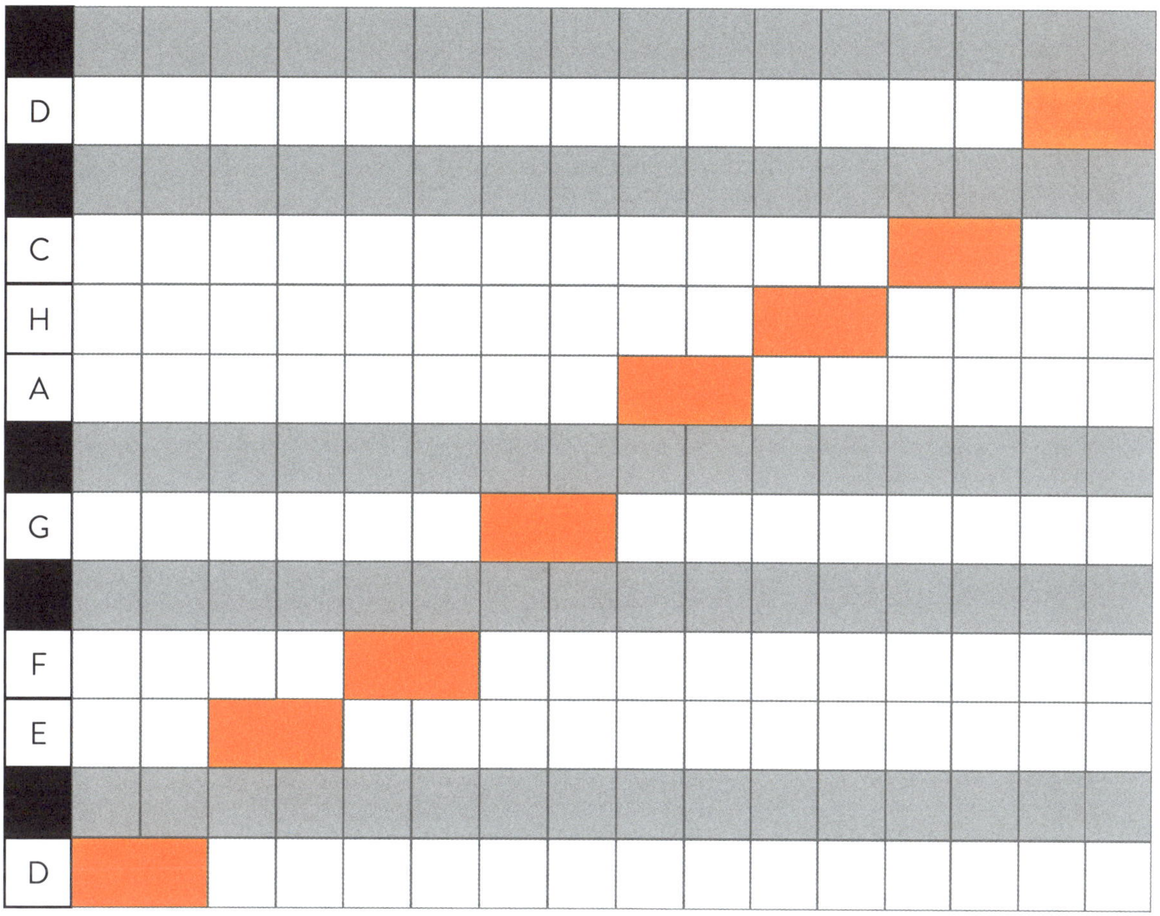

Abb. 14: Die C-Moll-Tonleiter, mit drei Vorzeichen (Eb, Ab, B)

Neben der Moll- und Dur-Tonleiter gibt es noch zahlreiche weitere Tonleitern. Die bekanntesten sind wohl die „Kirchentonleitern“, die ebenfalls aus sieben Tönen bestehen. Es ändern sich lediglich die Positionen der Halbton-Schritte.

Gerade im Techno kann es für unser Ohr spannend klingen, anstatt der klassischen Molltonarten eine dieser Kirchentonarten zu verwenden. Da die Kirchentonarten in der elektronischen Musik nur sehr selten zum Einsatz kommen, werde ich dieses Thema nicht allzu ausführlich behandlen.

Hier ein paar Beispiele:

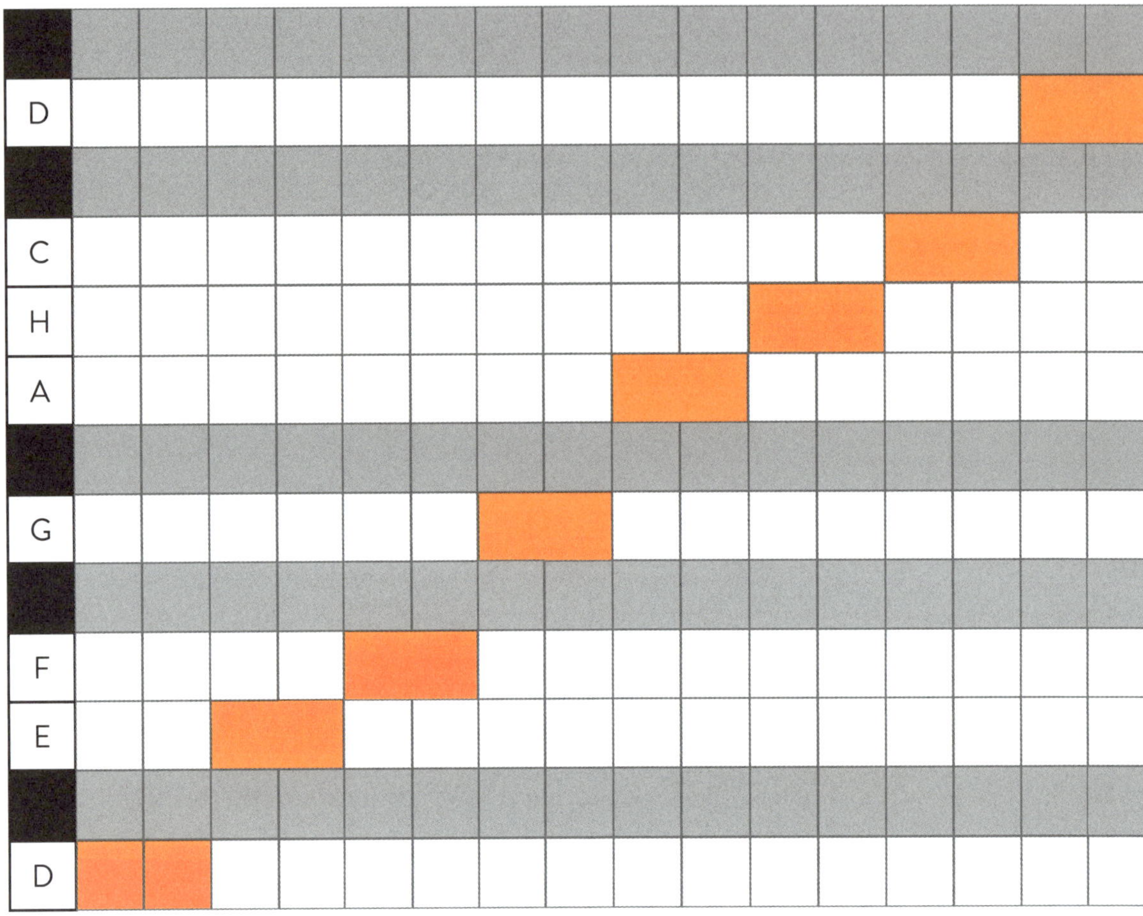

Abb. 15: Die Kirchentonleiter, dorisch

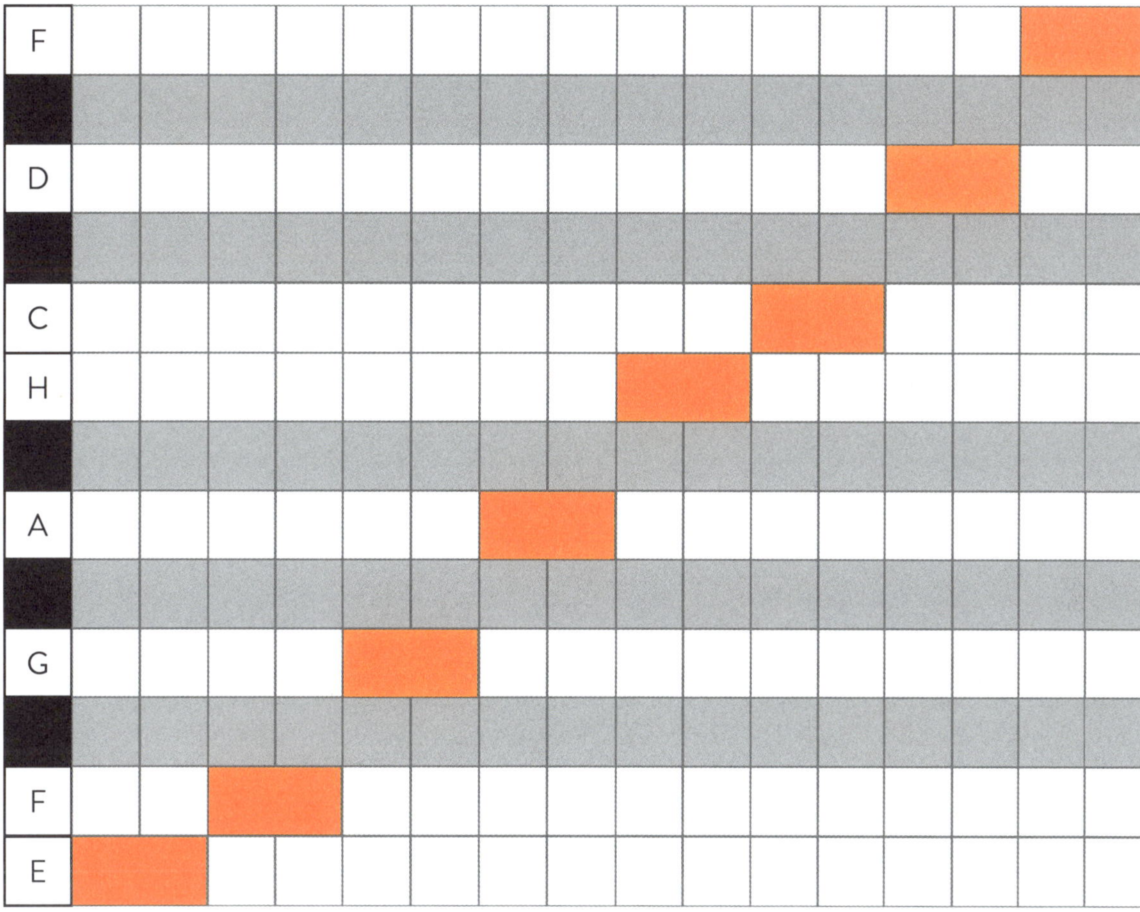

Abb. 16: Die Kirchentonleiter, phrygisch

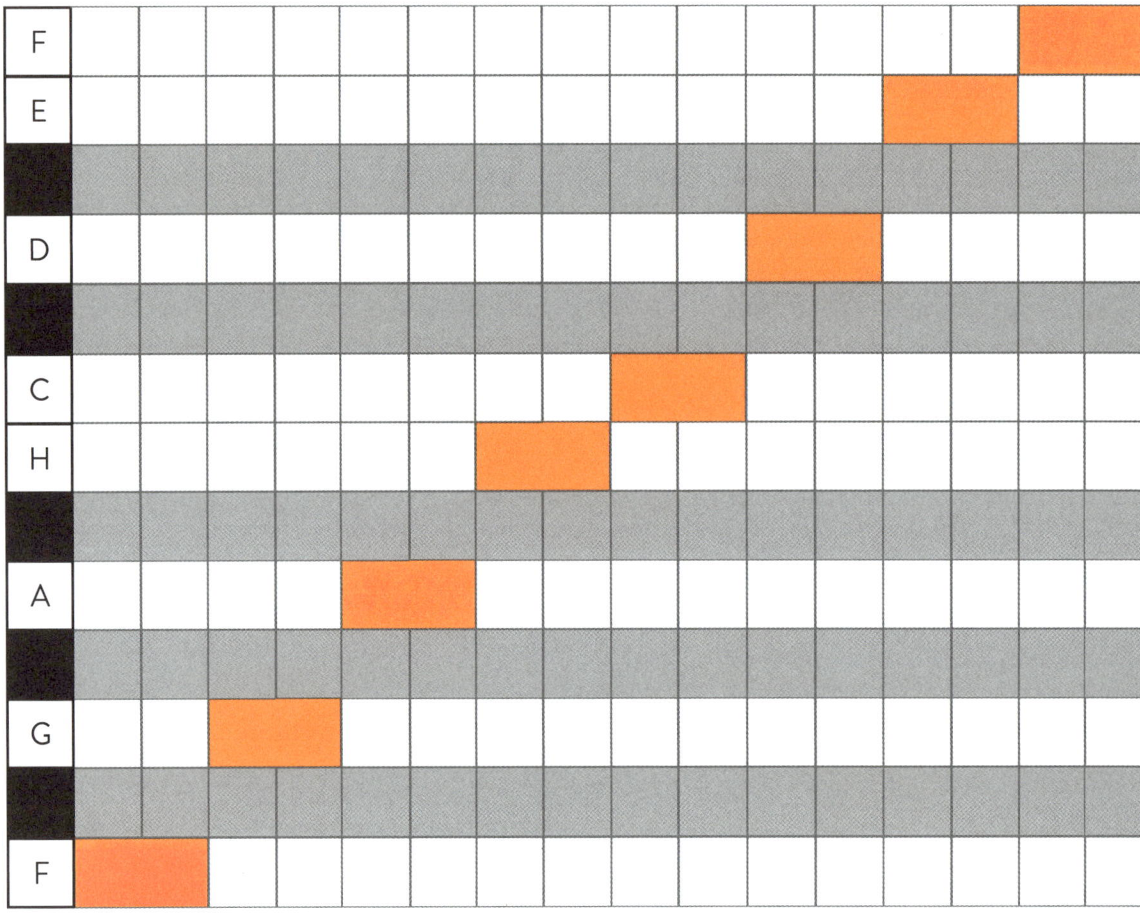

Abb. 17: Die Kirchentonleiter, lydisch

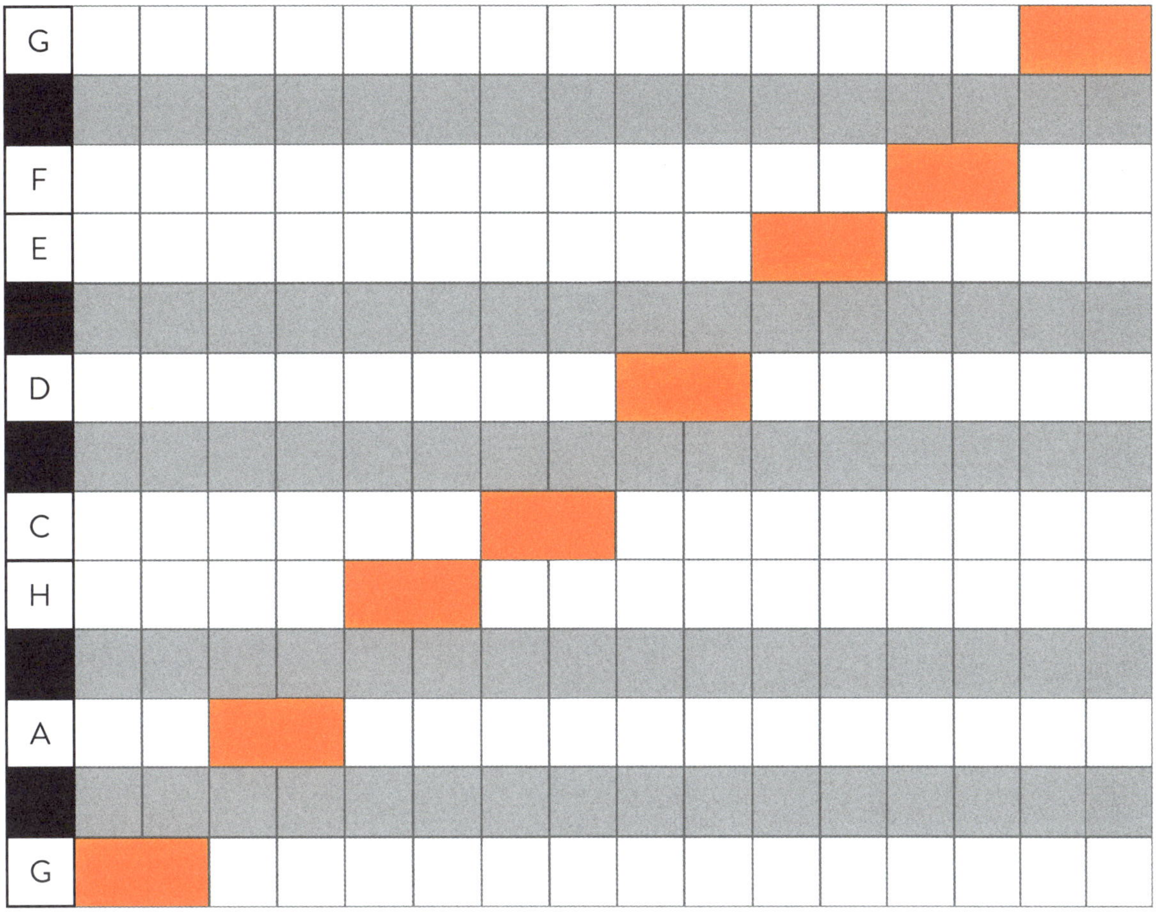

Abb. 18: Die Kirchen-Tonleiter, mixolydisch

DER AKKORD

Ich war etwa acht Jahre alt und spielte bereits seit zwei Jahren Klavier: Bach, Mozart und Schaum lernte man damals in der Klavierschule. Einfache kinderfreundliche Stücke, die man nach Noten spielte. Da zeigte mir meine ältere Schwester ein paar Akkorde auf der Gitarre. Plötzlich stellte ich fest, dass jeder Song, den ich im Radio hörte, aus diesen Akkorden bestand. Wenn man herausfand, aus welchen, konnte man den Song, der eben noch von ABBA oder Boney M. performt wurde, selbst singen und sich dabei auf der Gitarre begleiten.

Das begeisterte mich unglaublich und meiner Karriere als Popstar stand nichts mehr im Wege. Als ich etwas später feststellte, dass man diese Akkorde auch auf dem Klavier spielen konnte, öffnete das meinen Horizont und ich fing an, meine ersten eigenen Songs zu komponieren.

Wie sehen diese Akkorde aus, die das Basisgerüst, also das Skelett, vieler Songs und elektronischer Tracks darstellen? Genau darum soll es in diesem Kapitel gehen. Zunächst widmen wir uns erst einmal den wichtigsten Akkorden: den Dreiklängen.

Bei diesen Dreiklängen gibt es zwei wichtige Akkorde, nämlich den Dur-Akkord und den Moll-Akkord.

DER DUR-AKKORD

Der Dur-Akkord besteht aus dem Grundton, der so genannten „Terz“, und befindet sich zwei Ganzton-Schritte über dem Grundton (vier Halbtöne höher), und der sogenannten „Quint“, die sich noch einmal drei Halbtöne über der Terz befindet.

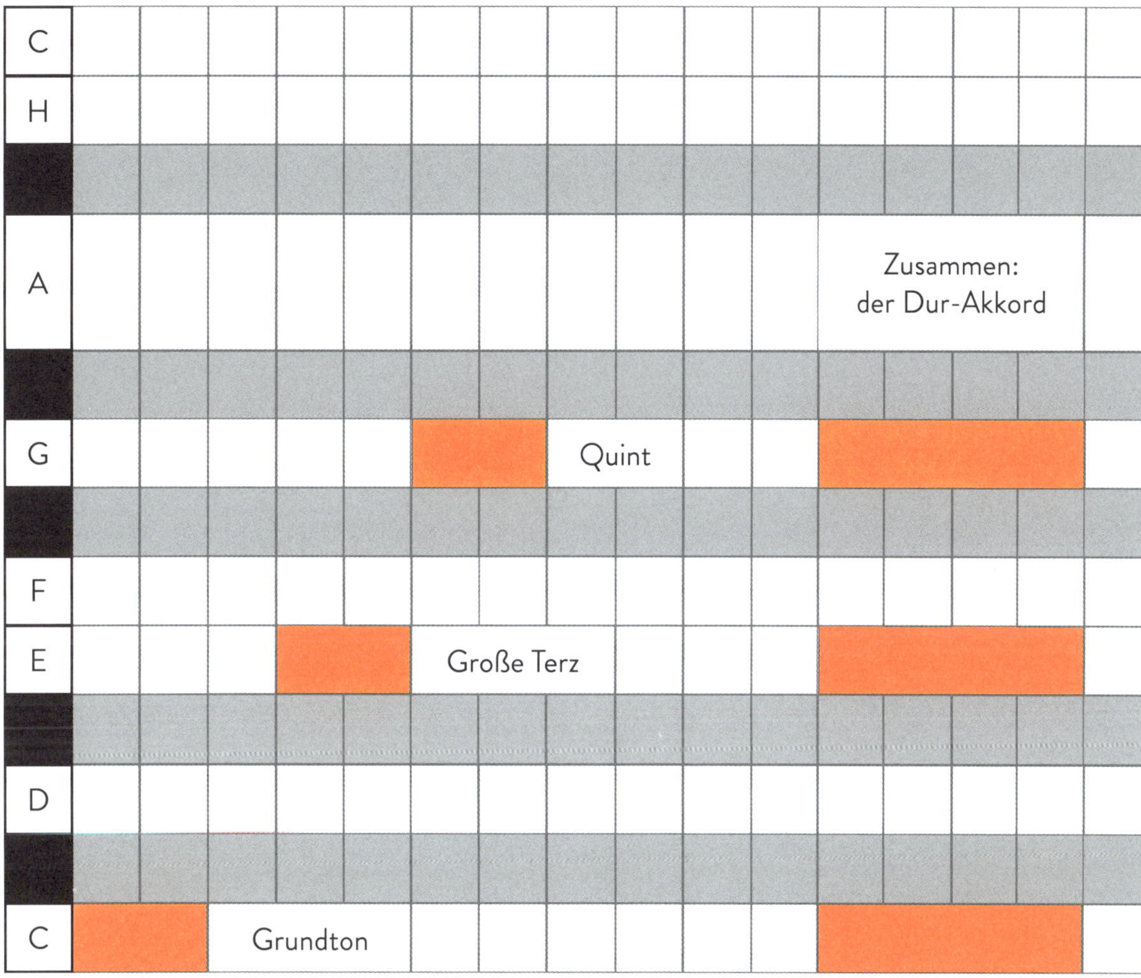

Abb. 19: Der Dur-Akkord

DER MOLL-AKKORD

Der Moll-Akkord besteht aus dem Grundton, einer kleinen Terz (das sind drei Halbton-Schritte nach oben) und wieder der Quint (also vom Grundton aus sieben Halbton-Schritte nach oben).

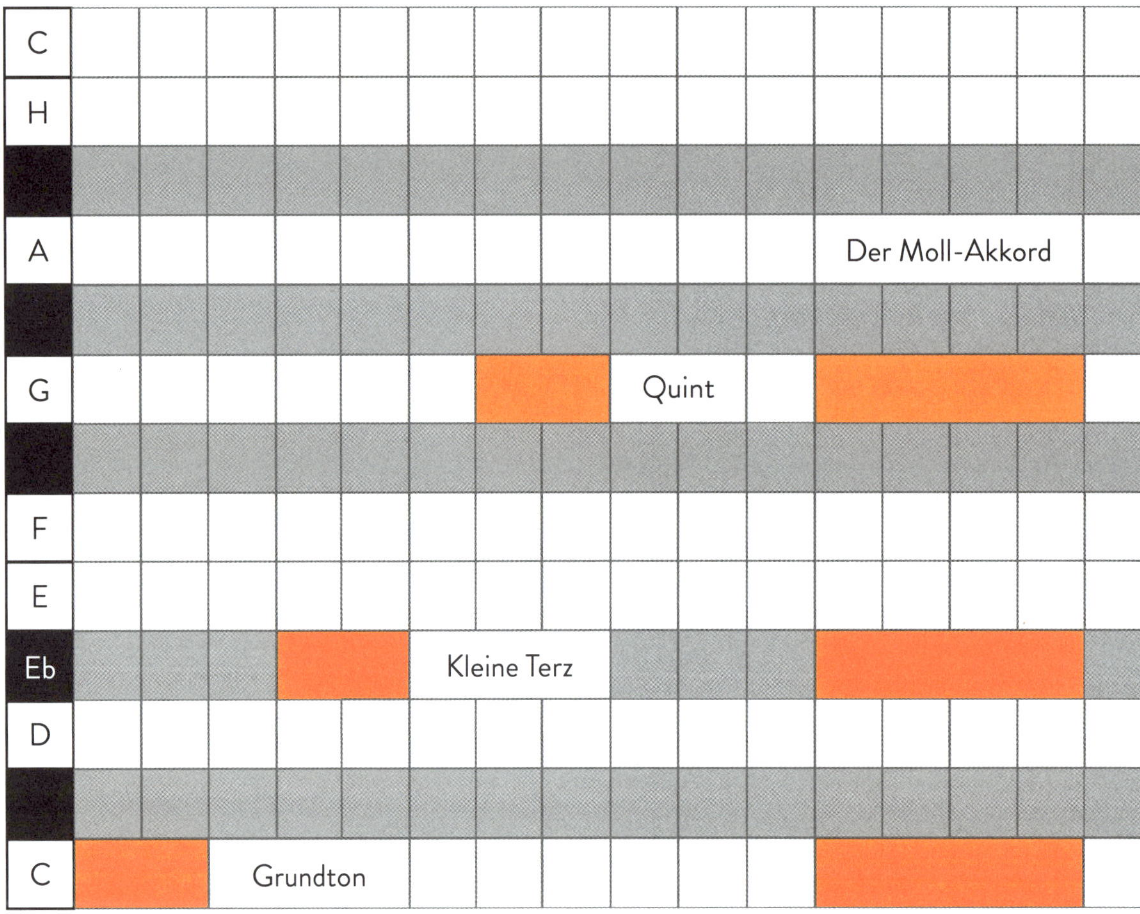

Abb. 20: Der Moll-Akkord (Quint, kleine Terz und Grundton zusammen)

Weiters gibt es noch zwei Varianten, die aber bei Weitem nicht so oft zum Einsatz kommen: der verminderte Dreiklang und der übermäßige Dreiklang. Der verminderte Dreiklang besteht aus einer kleinen Terz und einer verminderten Quint (diese befindet sich sechs Halbton-Schritte über dem Grundton).

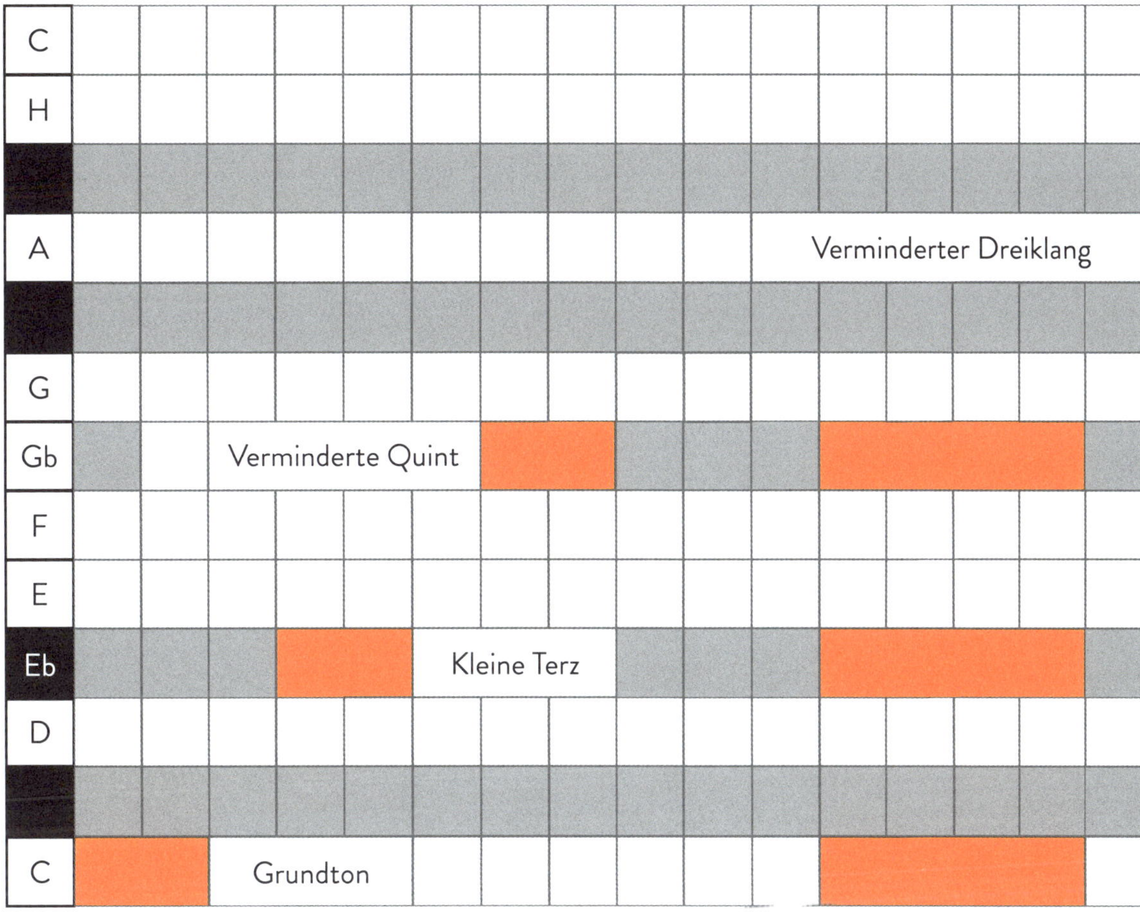

Abb. 21: Der verminderte Dreiklang

Der übermäßige Dreiklang besteht aus der großen Terz und der übermäßigen Quint.

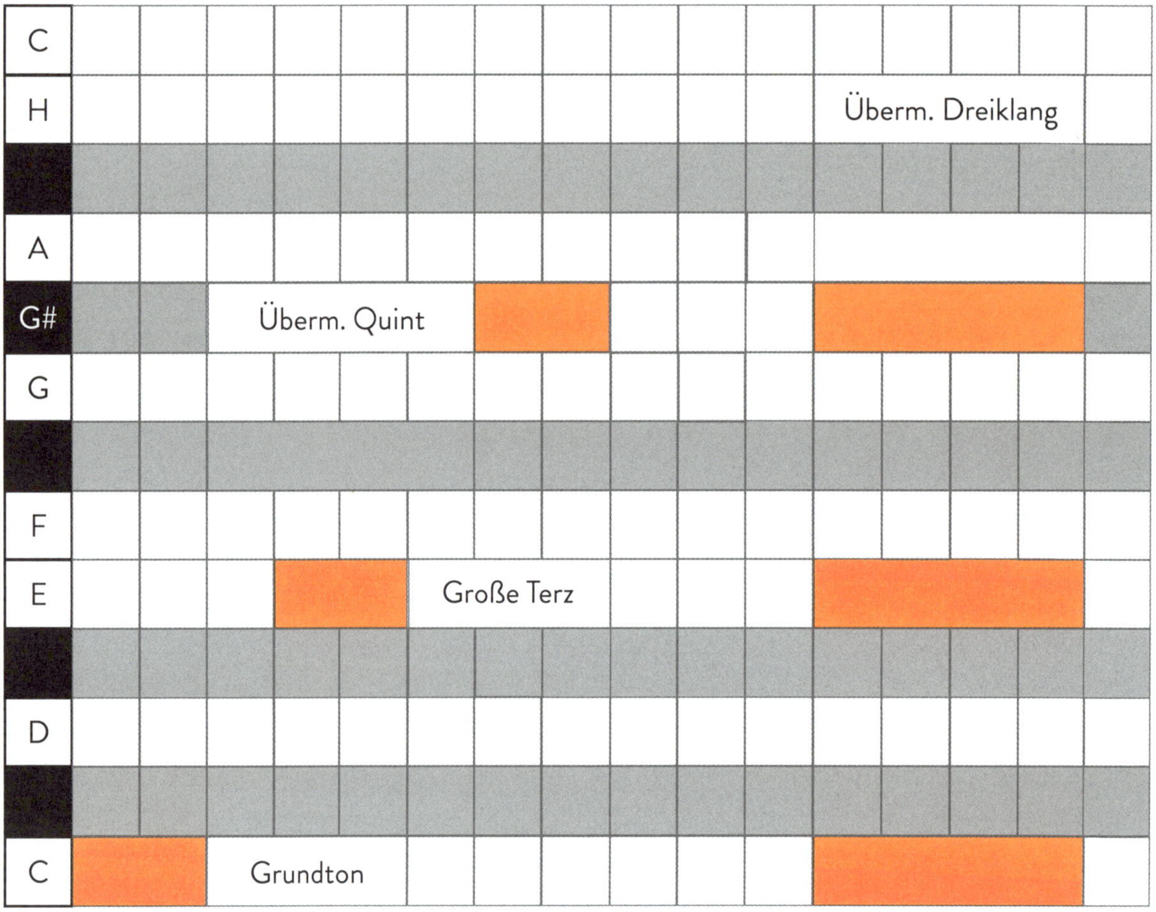

Abb. 22: Der übermäßige Dreiklang (übermäßige Quint, große Terz und Grundton zusammen)

Noch einmal zusammengefasst:

- Große Terz: vier Halbton-Schritte
- Kleine Terz: drei Halbton-Schritte
- Der Dur-Akkord besteht aus einer großen und einer kleinen Terz.
- Der Moll-Akkord besteht aus einer kleinen und einer großen Terz.
- Der verminderte Dreiklang besteht aus zwei kleinen Terzen.
- Der übermäßige Dreiklang aus zwei großen Terzen.

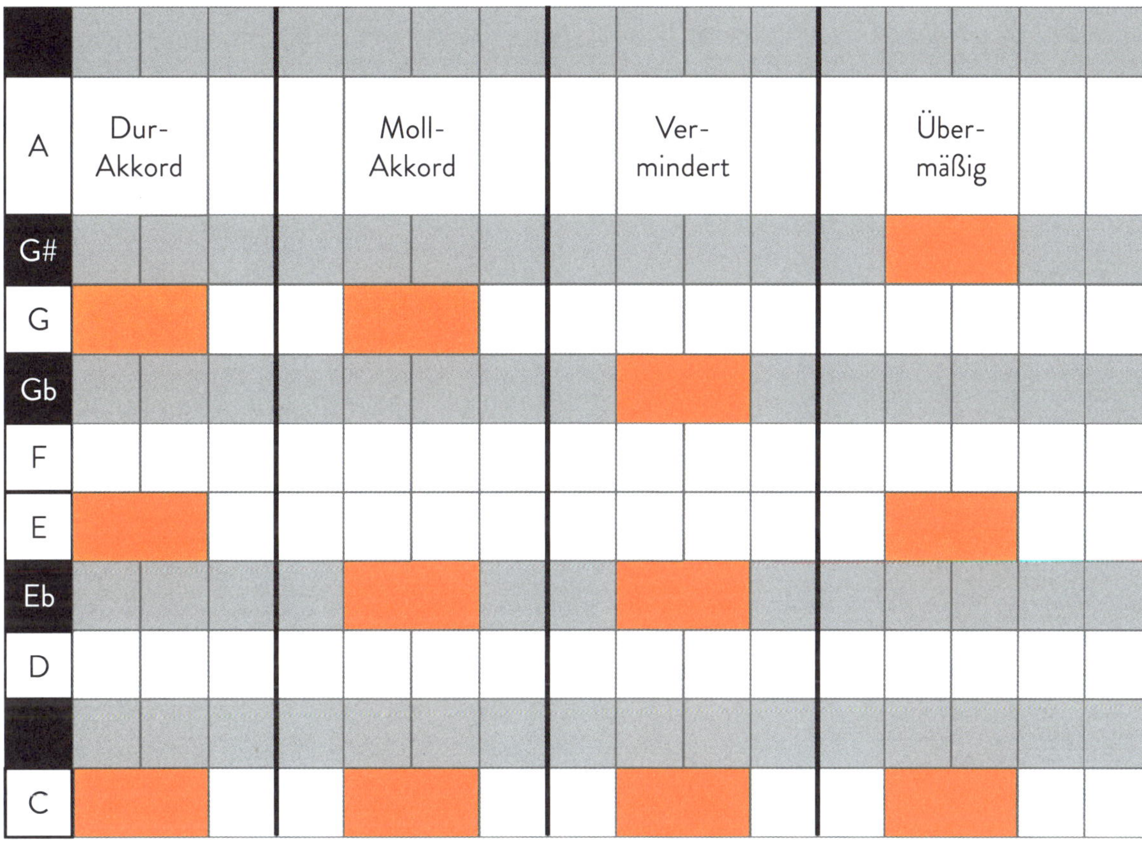

Abb. 23: Die Dreiklänge im Vergleich

In allen Beispielen haben wir den Akkord mit dem Grundton „C" gebildet. Aber natürlich kann man auf jedem Ton einen Akkord bilden. Also A-Moll, F#-Dur, Ab vermindert und so weiter. Dazu aber mehr in den folgenden Kapiteln.

ERSTE, VIERTE, FÜNFTE

Die ersten drei Akkorde, die mir meine Schwester auf der Gitarre zeigte, waren zum einen E-Dur, die sie „Erste Stufe“ nannte, zum zweiten A-Dur, die „Vierte Stufe“, und H-Dur, die „Fünfte Stufe“. Mit diesen drei Akkorden konnte man so ziemlich jedes Kinderlied, jedes Volkslied und einige Songs, die man aus dem Radio kannte, begleiten. Das war echt toll. Aber das größte Geschenk für mich war, dass ich nun beinahe jeden Song von Mike Krüger, der damals ein großes Vorbild für mich war (auch wenn mir das heute etwas peinlich ist), spielen konnte. Die meisten Songs begannen mit der ersten Stufe, wechselten dann zwischen der ersten, vierten und fünften und endeten dann mit der fünften, und danach der ersten Stufe.

Nach wenigen Tagen konnte ich fast jeden dieser Songs begleiten, da ich hörte, wann welche dieser Stufen einzusetzen war. Auch in Moll sind diese drei Stufen wohl die wichtigsten Akkorde. Deshalb werden sie uns diese in diesem Kapitel genauer anschauen.

Ich empfehle Anfängern ja immer in C-Dur bzw. A-Moll zu arbeiten, und deshalb schauen wir uns jetzt die erste, vierte und fünfte Stufe in diesen beiden Tonarten an: Zuerst bilden wir einen Dur-Akkord auf der ersten Stufe, das ist in der Tonart C der Akkord C-Dur. Und dann machen wir dasselbe auf der vierten (F-Dur) und auf der fünften Stufe (G-Dur).

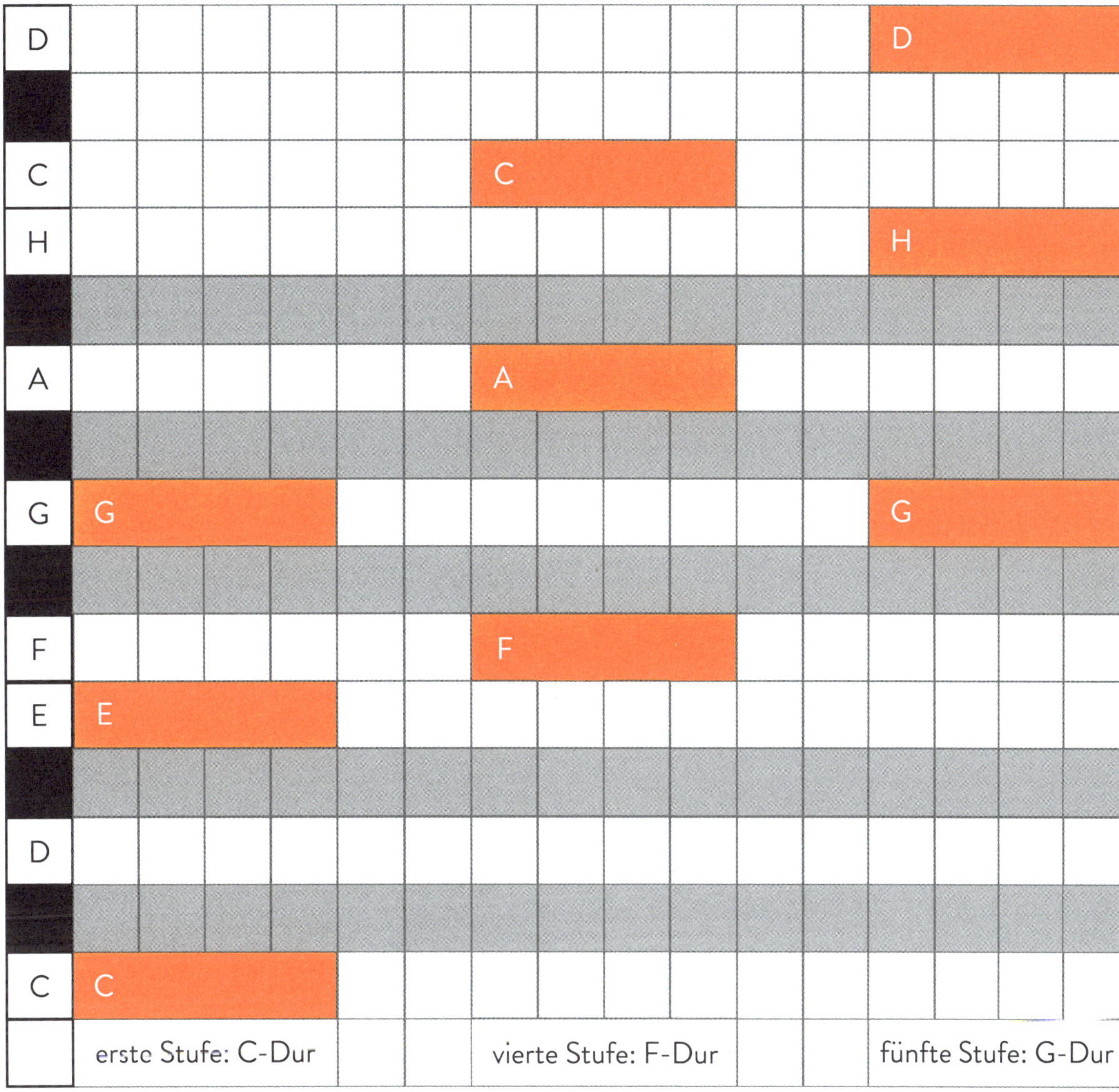

Abb. 24: erste, vierte, fünfte Stufe in C-Dur

Ich habe für diese Akkorde leider kein bekanntes Beispiel in der elektronischen Musik gefunden, deshalb hier ein Gospel-Stück aus dem Jahr 1927, das jeder kennen dürfte: „Oh when the saints go marching in“. Um dieses Lied zu begleiten, spielst du die Akkorde, die über den Lyrics stehen, mit einer einfachen Rhythmik, zum Beispiel in Vierteln. Genau mit der Silbe, über der der nächste Akkord steht, wechselst du zu diesen und so weiter.

Solltest du dieses Lied jetzt irgendwo im Internet finden, dann wundere dich bitte nicht, wenn dort andere Harmonien verwendet werden, da dieses Lied oft nicht in C-Dur, sondern in einer anderen Tonlage notiert wird. Zum Beispiel performt Louis Armstrong diesen Song in Ab-Dur, wodurch die Harmonien zu Ab, Db, und Eb werden.

C
Oh when the Saints, go marching in,
G
oh when the Saints, go marching in.
C F
Oh Lord, I want to be in that number,
C G C
oh when the Saints go marching in.

Abb. 25: Die Akkorde des Gospel-Songs „Oh when the Saints go marching in“

Elektronische Musik ist meistens in Moll, daher schauen wir uns diese Akkorde jetzt in Moll an:

Wir starten mit A-Moll, der vierte Ton der A-Moll-Tonleiter ist D, also ist die vierte Stufe D-Moll, und der fünfte Ton ist E, also ist die fünfte Stufe E-Moll. Da wir in A-Moll keine Vorzeichen haben, brauchen wir auch für unsere drei Akkorde keine Vorzeichen, somit keine schwarzen Tasten.

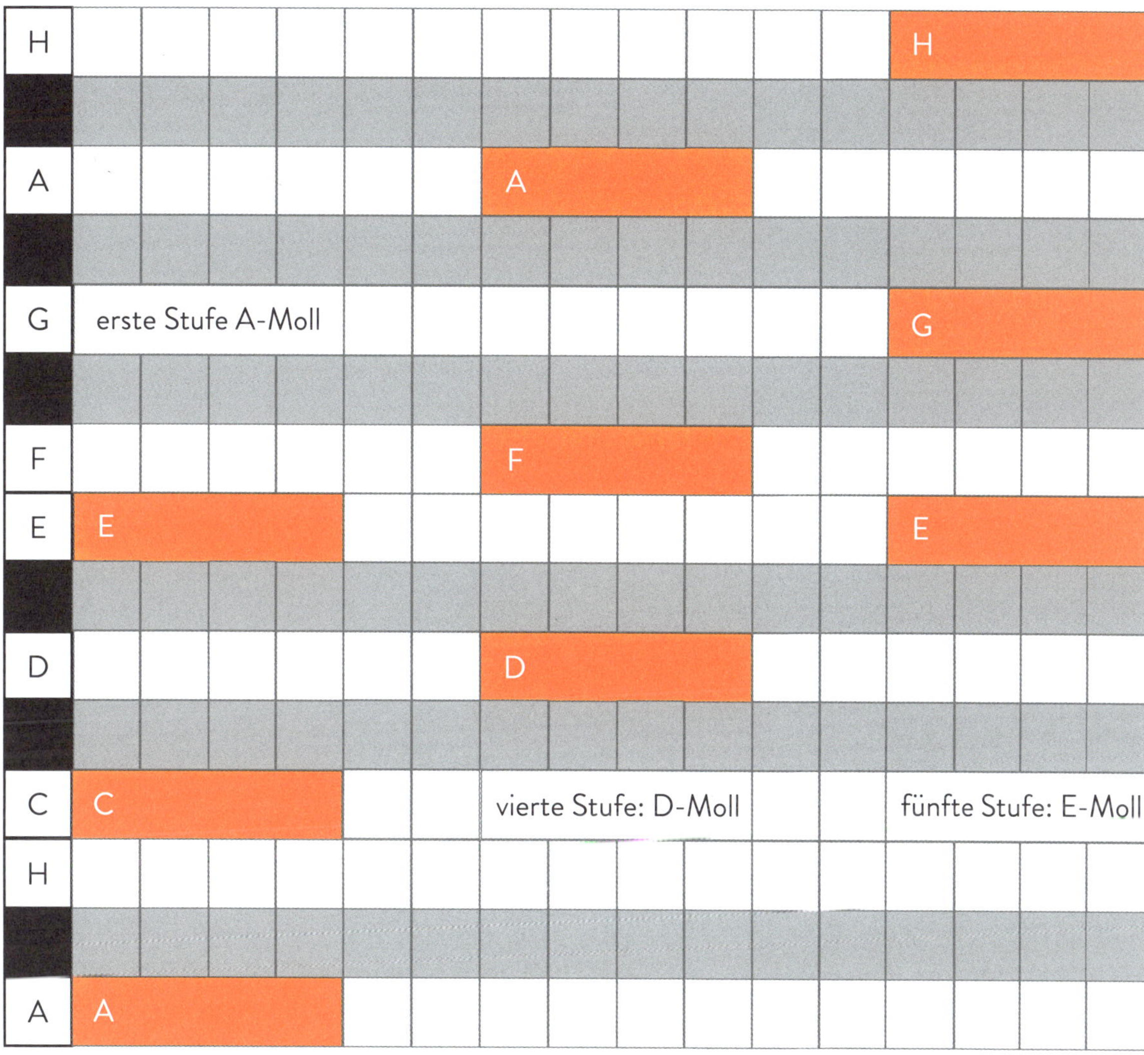

Abb. 26: Erste, Vierte, Fünfte in A-Moll*

*Sehr oft kommt bei der fünften Stufe anstatt dem Moll-Akkord ein Dur-Akkord zum Einsatz. Bei diesem konkreten Beispiel wäre das E-Dur anstatt E-Mol, das „G" würde also auf „Gis" erhöht werden.

Aus rechtlichen Gründen greife ich in meinem Beispiel wieder auf etwas Älteres zurück, das jedem bekannt sein sollte. Es ist das russische Volkslied „Kalinka". Während unsere Kinder- und Volkslieder großteils in Dur sind, sind die russischen Kinder- und Volkslieder großteils in Moll.

Em Am
Ka-lin-ka, kalinka, kalinka mo-ja!
Em Am
W sa-du jagoda malinka, malinka mo-ja!

Abb. 27: Die Akkorde des russischen Volksliedes „Kalinka" von Iwan Petrowitsch Larionow (E-Moll)

MOLL-PARALLELE

Nachdem mir meine Schwester auf der Gitarre die wichtigsten drei Akkorde (Erste, Vierte und Fünfte) beigebracht hatte, gründete ich mit meinem Freund Peter sofort meine erste Band namens „The Flying Potatoes“. Einer unserer ersten Songs, den wir basierend auf diesen drei Akkorden spielten, war „Let's twist again“. Zu dieser Zeit war Rudi, ein enger Freund meines Vaters und ein etwas emotionaler Ziehharmonika-Spieler zu Gast bei uns und wollte natürlich sofort hören, was die Buben musikalisch drauf haben. Wir waren gerade voller Leidenschaft in der Mitte der zweiten Strophe, als Rudi mit hochroten Kopf schrie: „Alles Scheiße, alles Scheiße!“.

Sofort brachen wir den Song ab und schauten Rudi erschrocken an. Rudi betonte noch einmal: „Das ist alles Scheiße!“ und vertrieb Peter vom Klavier. Nun begann er den Song zu spielen: „Let's twist again, like we did last summer ...“. Bei dem Wort „summer“ blieben wir in unserer Version auf der ersten Stufe, also auf C-Dur stehen, doch Rudi spielte etwas ganz anderes: „Das ist A-Moll, die sechste Stufe“. „Wow!“, dachte ich mir, „Es gibt also noch mehr Akkorde, als nur die „Erste“, „Vierte“ und „Fünfte“. Vermutlich ist auch das der Grund, warum es mir bei vielen Songs, die ich aus dem Radio kannte, nicht gelang sie zu spielen.“ Am Abend zog ich mich zurück, um die neue Erkenntnis besser zu verstehen:

Jede der drei Akkorde (Erste, Vierte, Fünfte) hatte auch eine sogenannte Moll-Parallele. Das ist ein Moll-Akkord, der eine kleine Terz (drei Halbtöne) tiefer ist als der Dur-Akkord. Schauen wir uns das etwas genauer an:

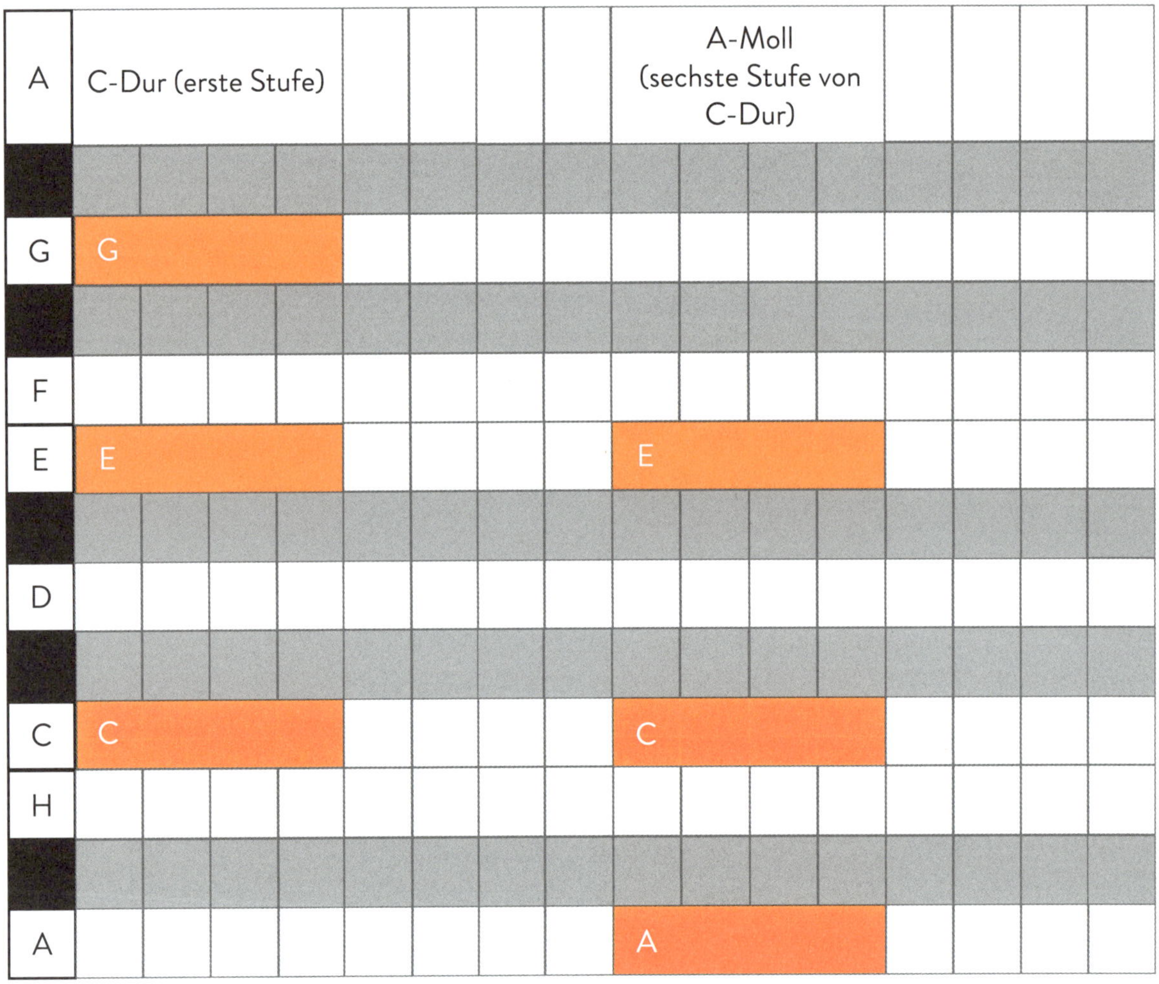

Abb. 28: Die Moll-Parallele von C-Dur: A-Moll

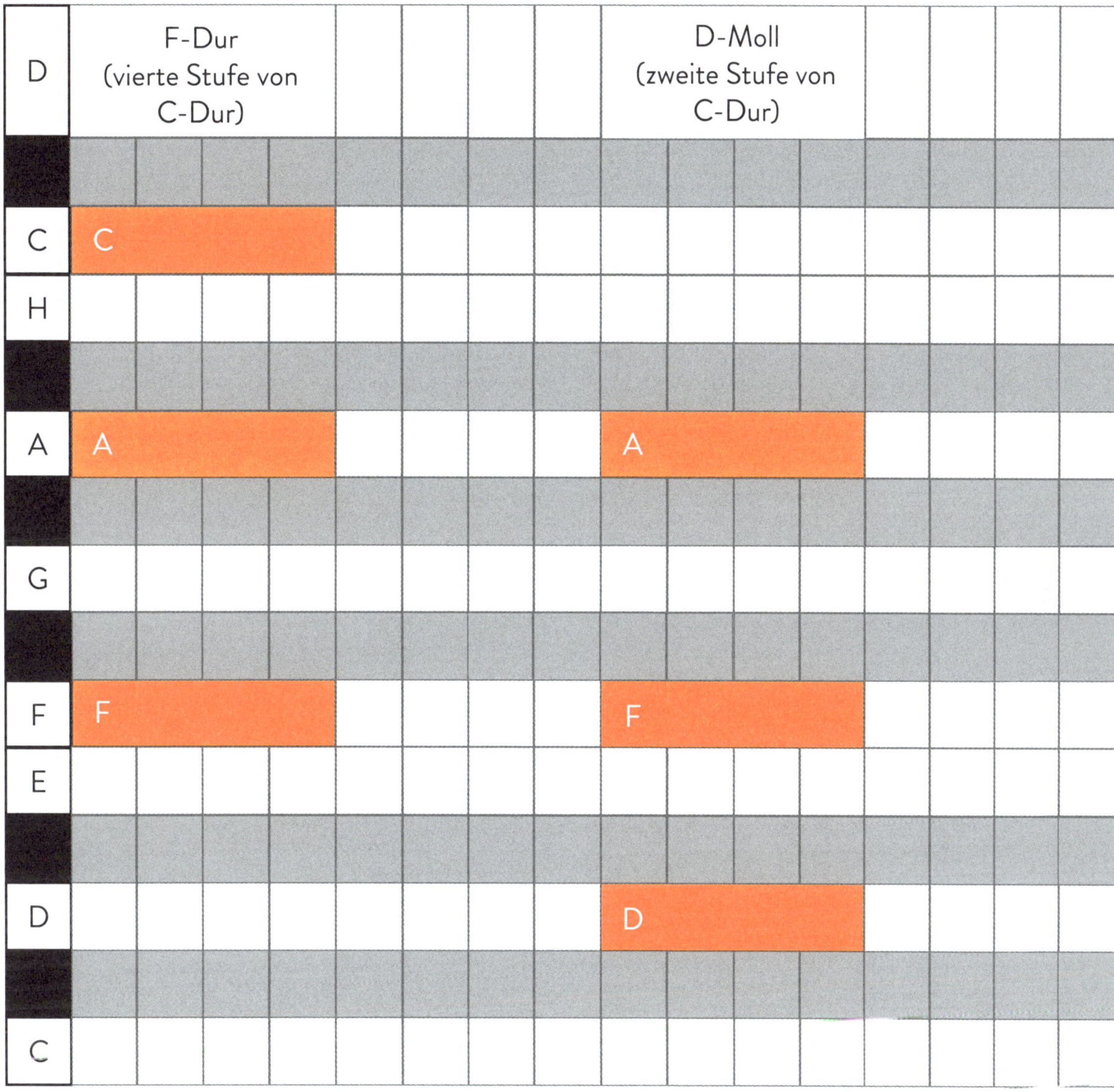

Abb. 29: Die Moll-Parallele von F-Dur: D-Moll

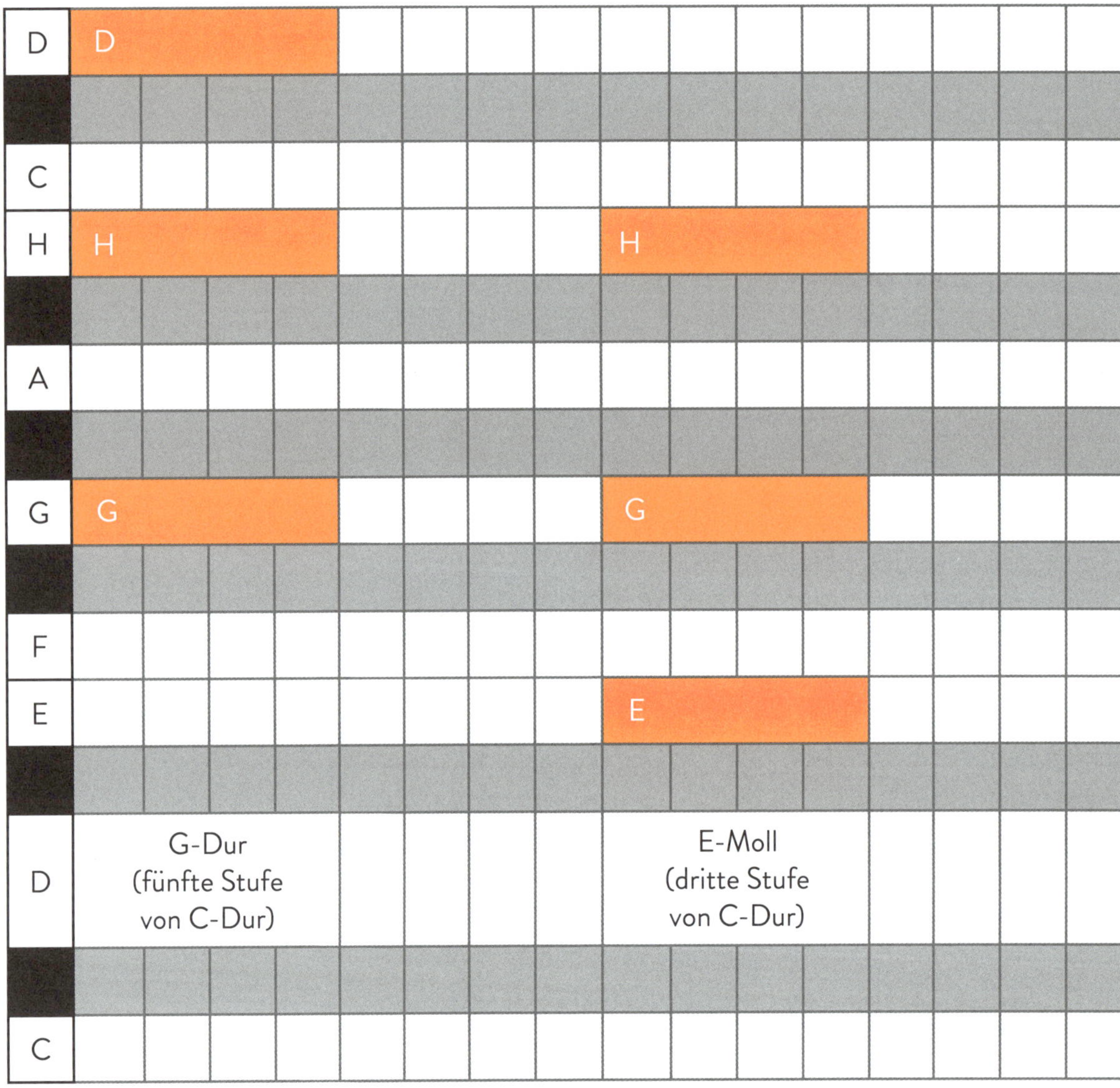

Abb. 30: Die Moll-Parallele von G-Dur: E-Moll

Somit haben wir drei neue Akkorde, die wir in einer Dur-Tonart verwenden können.

Hier noch einmal ein Überblick über unsere sechs Akkorde:

sechste Stufe	A-Moll
fünfte Stufe	G-Dur
vierte Stufe	F-Dur
dritte Stufe	E-Moll
zweite Stufe	D-Moll
erste Stufe	C-Dur

Abb. 31: Die wichtigsten sechs Akkorde einer Dur-Tonleiter

DUR-PARALLELE

Ähnlich wie bei der Moll-Tonleiter ist es auch bei der Dur-Tonleiter, nur dass es zu jedem der drei Moll-Akkorde (Erste, Vierte und Fünfte) eine Dur-Parallele gibt. Diese befinden sich eine kleine Terz (drei Halbton-Schritte) über dem jeweiligen Dur-Akkord:

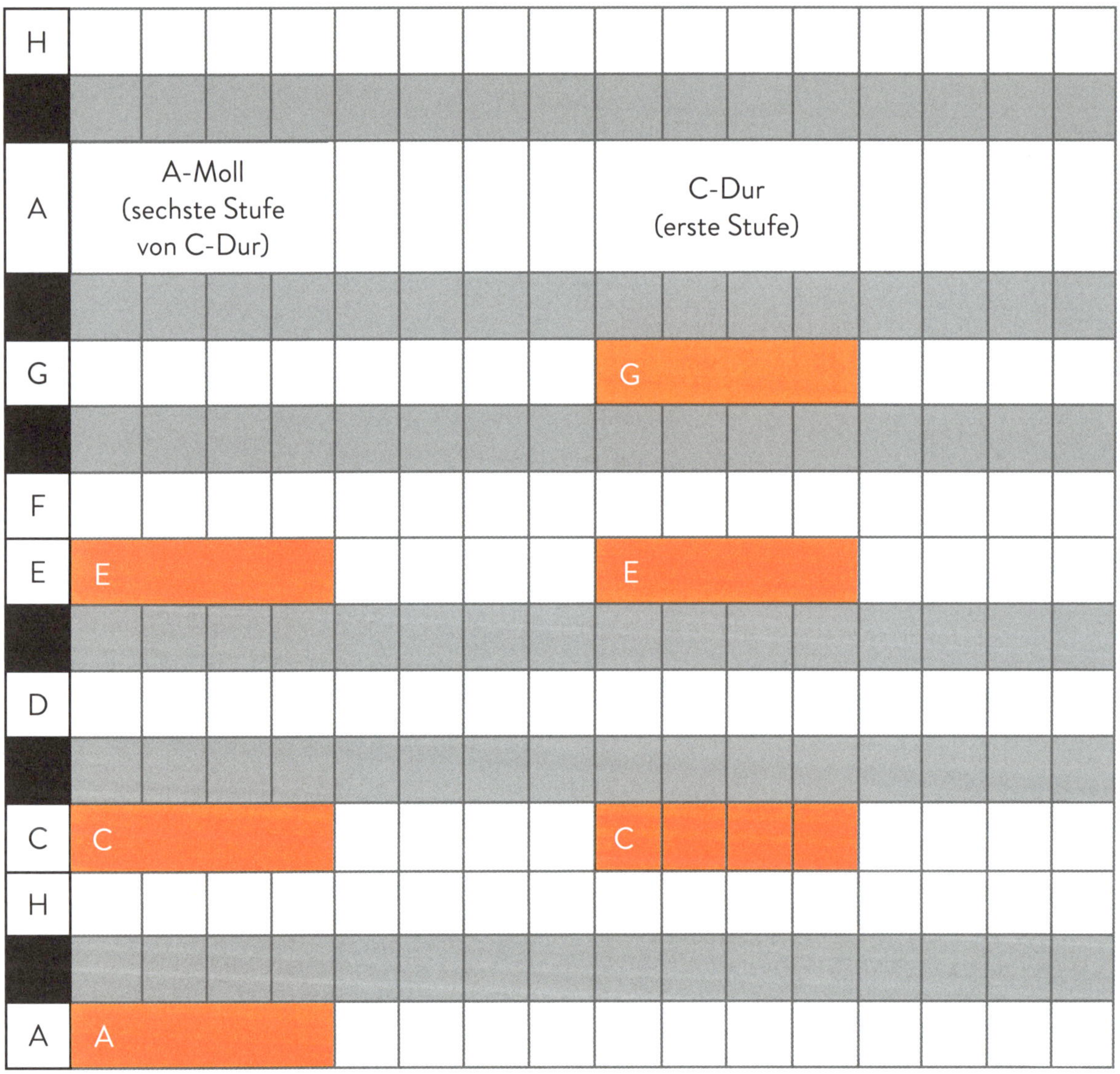

Abb. 32: Die Dur-Parallele von A-Moll: C-Dur

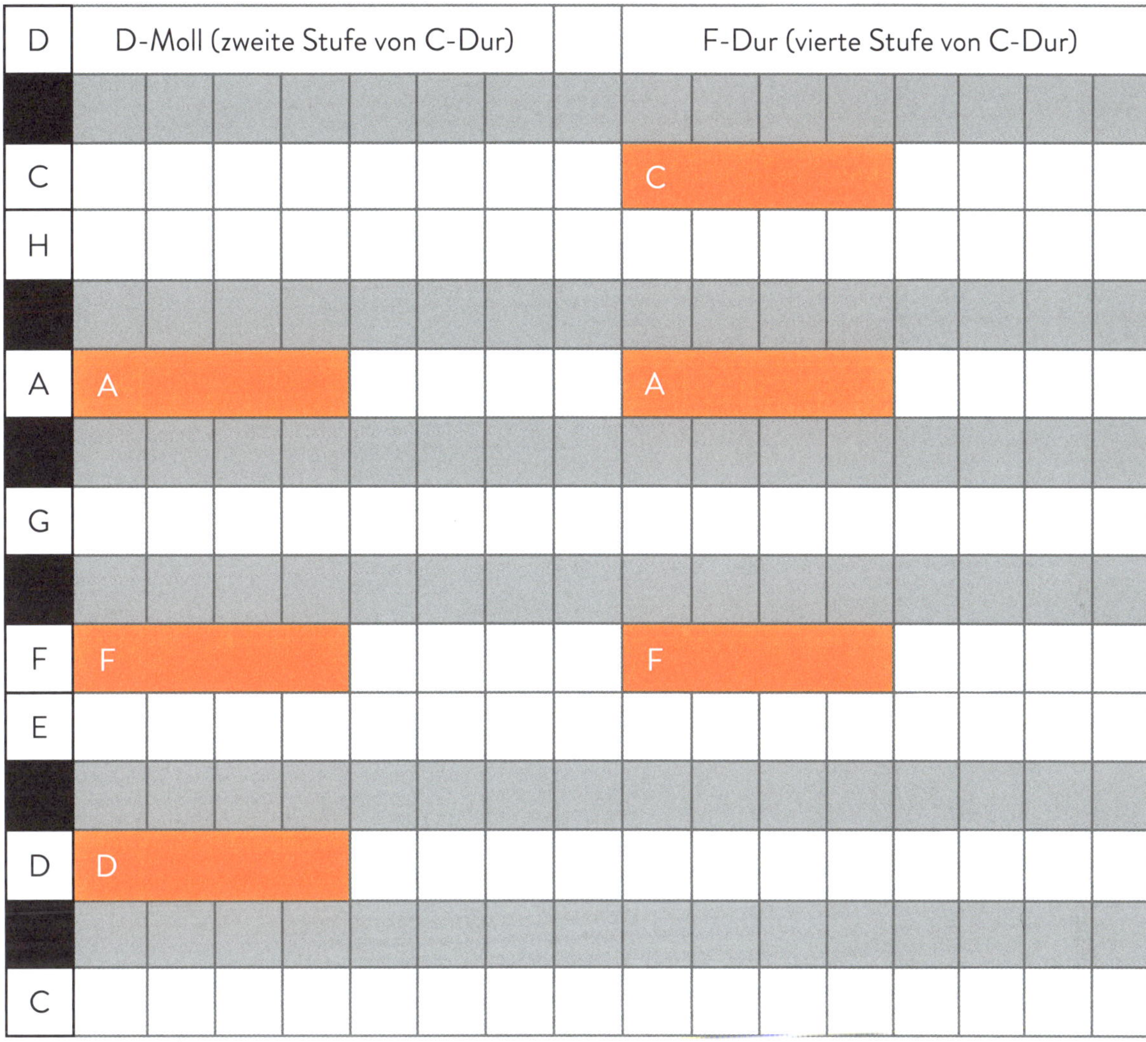

Abb. 33: Die Dur-Parallele von D-Moll: F-Dur

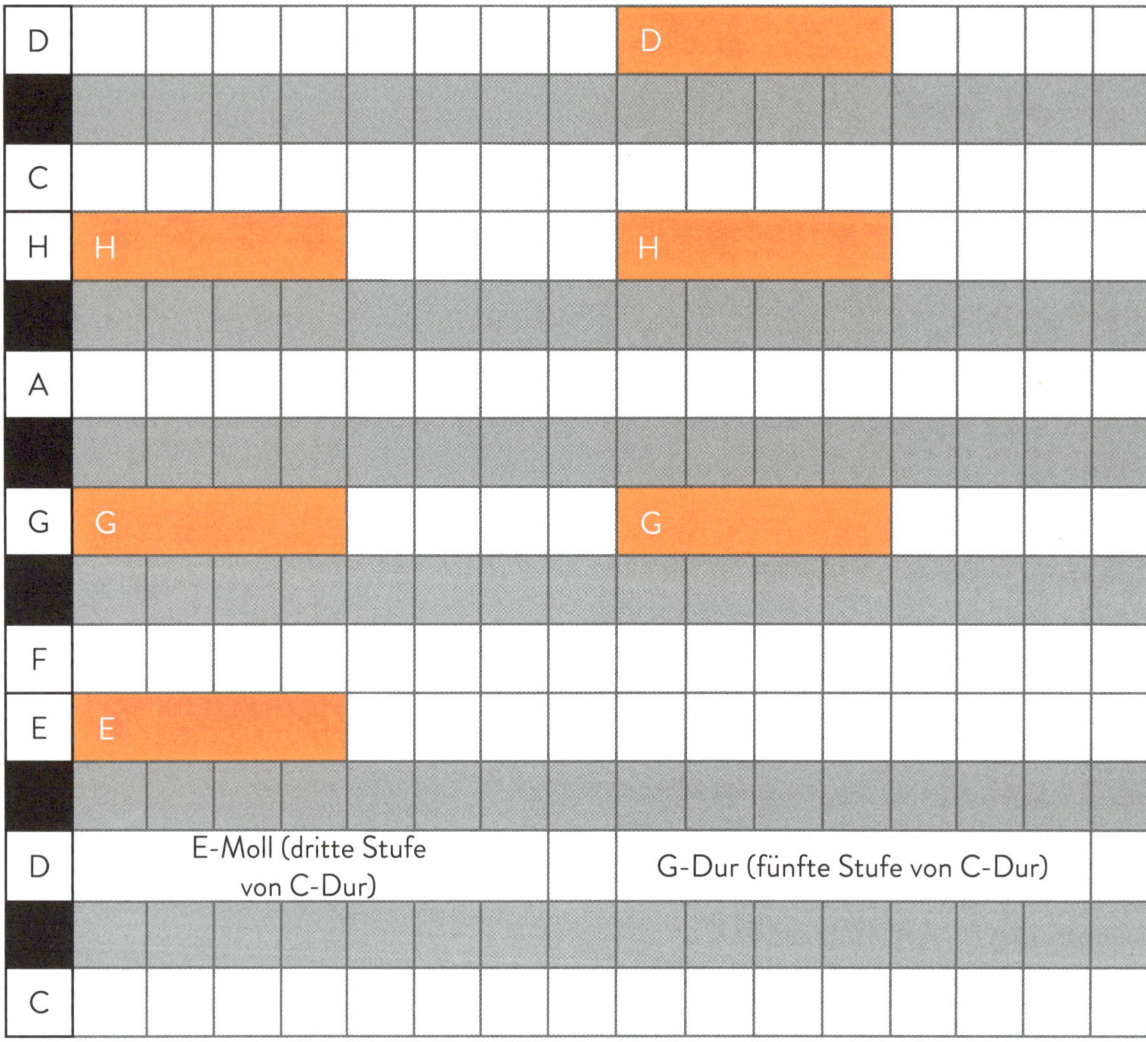

Abb. 34: Die Dur-Parallele von E-Moll: G-Dur

Somit haben wir drei neue Akkorde, die wir in einer Moll-Tonart verwenden können.

Hier noch einmal ein Überblick zu den sechs Akkorden:

siebte Stufe	G-Dur
sechste Stufe	F-Dur
fünfte Stufe	E-Moll*
vierte Stufe	D-Moll
dritte Stufe	C-Dur
erste Stufe	A-Moll

Abb. 35: Die wichtigsten sechs Akkorde einer Moll-Tonleiter

*Wie schon bei Abb. 26 erwähnt, kommt oft bei der fünften Stufe anstatt dem Moll-Akkord, ein Dur-Akkord zum Einsatz. Bei diesem konkreten Beispiel wäre das E-Dur statt E-Moll, das „G" würde also auf „Gis" erhöht werden.

Und jetzt aufgepasst: Du willst elektronische Musik machen? In über 90 Prozent der Tracks (im Bereich House, EDM, Electro House, etc.), in denen mit Akkorden gearbeitet wird, werden genau diese sechs Akkorde verwendet. Natürlich nicht immer in A-Moll. Diese aber in eine andere Tonart zu transponieren, ist auf einem Computerprogramm wie Ableton, Logic Pro etc. eine leichte Übung. Also schau dir diese sechs Akkorde auf eurem Instrument (Gitarre, Klavier, etc.) oder in der Notenrolle (Piano Roll) deiner DAW (Musikprogramm) ganz genau an. Im nächsten Kapitel nämlich gehe ich genauer darauf ein.

KOMPONIEREN IN DER NOTENROLLE

– PART 1

In den letzten 20 Jahren wurde ein großer Teil der elektronischen Musik, die wir im Radio und in den Clubs hörten, vermehrt von DJs produziert und nicht von Leuten, die Musik studiert haben. Sehr oft habe ich mir die Frage gestellt, wie dies möglich war. Wie konnten DJs, die meistens kein Instrument spielten oder Musiktheorie gelernt hatten, so tolle Werke produzieren?

Anfang der 2000er hatte Foster Kent sein Studio für mehrere Monate auf Ibiza und arbeiteten eng mit diversen DJs zusammen. Und dabei fielen mir die Augen aus dem Kopf: Diese Stars und Helden ihrer Generation schoben, ohne jedes Verständnis für Musiktheorie, die Noten in der Notenrolle herum und hörten sich jede Variation an, und wenn sie nicht gut klang, änderten sie sie. Dies passierte aber in einer unfassbaren Geschwindigkeit, sodass man den Eindruck bekam, sie würden einfach jede denkbare Noten-Kombination ausprobieren, so lange, bis sie die eine fanden, die einen Hit ausmacht. Ich war schwer fasziniert, doch ich merkte schnell, dass mein Wissen zum Thema Musiktheorie, gekoppelt mit deren Erfahrung von Clubmusik, zu einem besseren Ergebnis führte. So entwickelten wir schnell eine Zusammenarbeit, die das Beste aus beiden Welten kombinierte.

In diesem Kapitel möchte ich dir eine erste Vorstellung geben, wie du in der Notenrolle arbeiten kannst und schnell zu tollen Ergebnissen kommst.

Die meisten elektronischen Tracks haben eine Akkordfolge, die sich in dem gesamten Track, oder zumindest über den Großteil des Tracks, wiederholt. Diese Akkordfolge, oder auch dieser „Loop“, dauert in der Regel ein, zwei oder vier Takte, und besteht aus zwei bis vier Akkorden. Der Wechsel der Akkorde ist meistens ganztaktig oder halbtaktig. Theoretisch kann der Akkordwechsel an jeder Position eines Taktes stattfinden. Sehr oft ist dies aber auf Taktanfang oder genau in der Mitte, also auf der dritten Viertel.

Schauen wir uns einmal ein paar Beispiele in der Praxis an. Die Akkorde sind in den folgenden Beispielen nicht mehr ausgeschrieben, sondern es werden die gebräuchlichen Symbole verwendet. Also „C-Dur“ wird einfach zu „C“ und A-Moll wird zu „Am“.

(Folgende Beispiele stammen alle von mir und ich habe keine kompositorischen Ansprüche darauf. Das bedeutet, du kannst sie gerne verwenden und dein Eigen nennen.)

Takt 1				Takt 2			
1.1	1.2	1.3	1.4	2.1	2.2	2.3	2.4
Am				Em			

Abb. 36: Beispiel 1 (ein Takt pro Akkord)

Takt 1				Takt 2			
1.1	1.2	1.3	1.4	2.1	2.2	2.3	2.4
Am				F		Em	

Abb. 37: Beispiel 2 (ein Akkord im ersten Takt, zwei Akkorde im zweiten Takt)

Takt 1				Takt 2			
1.1	1.2	1.3	1.4	2.1	2.2	2.3	2.4
Am		C		G		Dm	

Abb. 38: Beispiel 3 (halbtaktiger Wechsel von Akkorden)

Takt 1			
1.1	1.2	1.3	1.4
Am			

Abb. 39: Beispiel 4 (zwei Akkorde in einem Takt)

Takt 1				Takt 2			
1.1	1.2	1.3	1.4	2.1	2.2	2.3	2.4
Am						F	G

Abb. 40: Beispiel 5 (schneller Akkordwechsel am Ende des zweiten Taktes)

Takt 1				Takt 2			
1.1	1.2	1.3	1.4	2.1	2.2	2.3	2.4
Dm		C		Am		G	

Abb. 41: Beispiel 6 (Halbtaktiger Wechsel von Akkorden, auf der vierten Stufe startend)

Wie setzen wir das nun in unserer Notenrolle um? Nehmen wir das Beispiel 2: A-Moll im ersten Takt, F-Dur und E-Moll im zweiten. Jede Notenrolle hat ein sogenanntes „Grid“, also die Möglichkeit, die Auflösung der Darstellung einzustellen. In unserem Beispiel ist das Grid auf Achtel eingestellt. Zunächst geben wir die Basstöne unserer Akkorde ein:

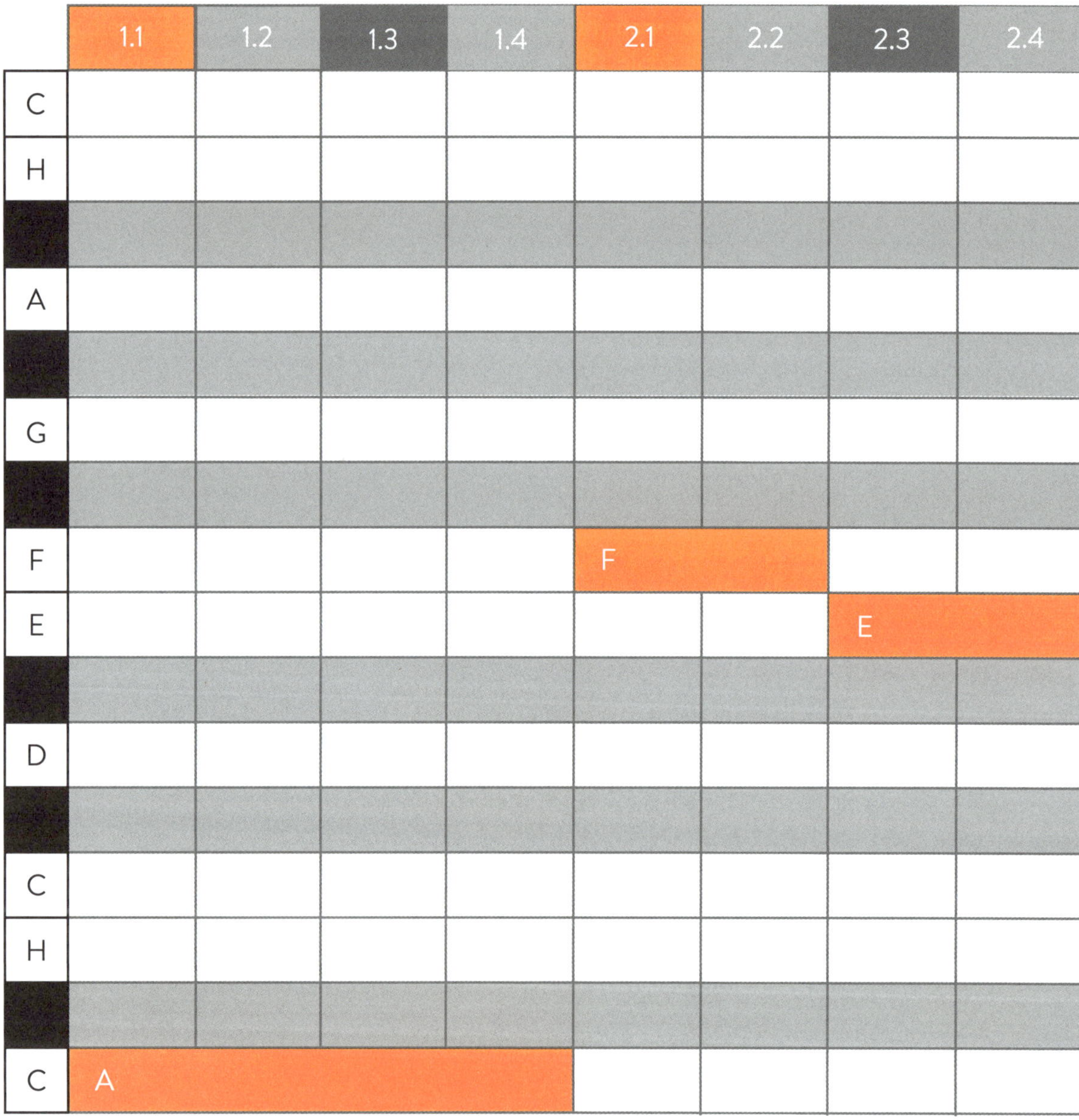

Abb. 42: Basstöne in der Notenrolle

An dieser Stelle könnten wir uns dieses Pattern (den Clip) kopieren, denn genau diese Noten werden später für den Bass benötigt. Danach machen wir aus jedem Ton einen Akkord, indem wir die Bassnoten um je zwei weiße Tasten nach oben ziehen, und das Ganze zweimal nach oben ziehen.

Wenn wir darauf achten, immer auf den weißen Tasten zu bleiben, brauchen wir gar nicht darüber nachdenken, ob wir an dieser Stelle einen Dur-Akkord oder Moll-Akkord benötigen. Da wir auf den weißen Tasten bleiben, beschränken wir die Noten auf die Töne der A-Moll-Tonleiter und automatisch wird aus dem A und dem E ein Moll-Akkord und aus dem F ein Dur-Akkord.

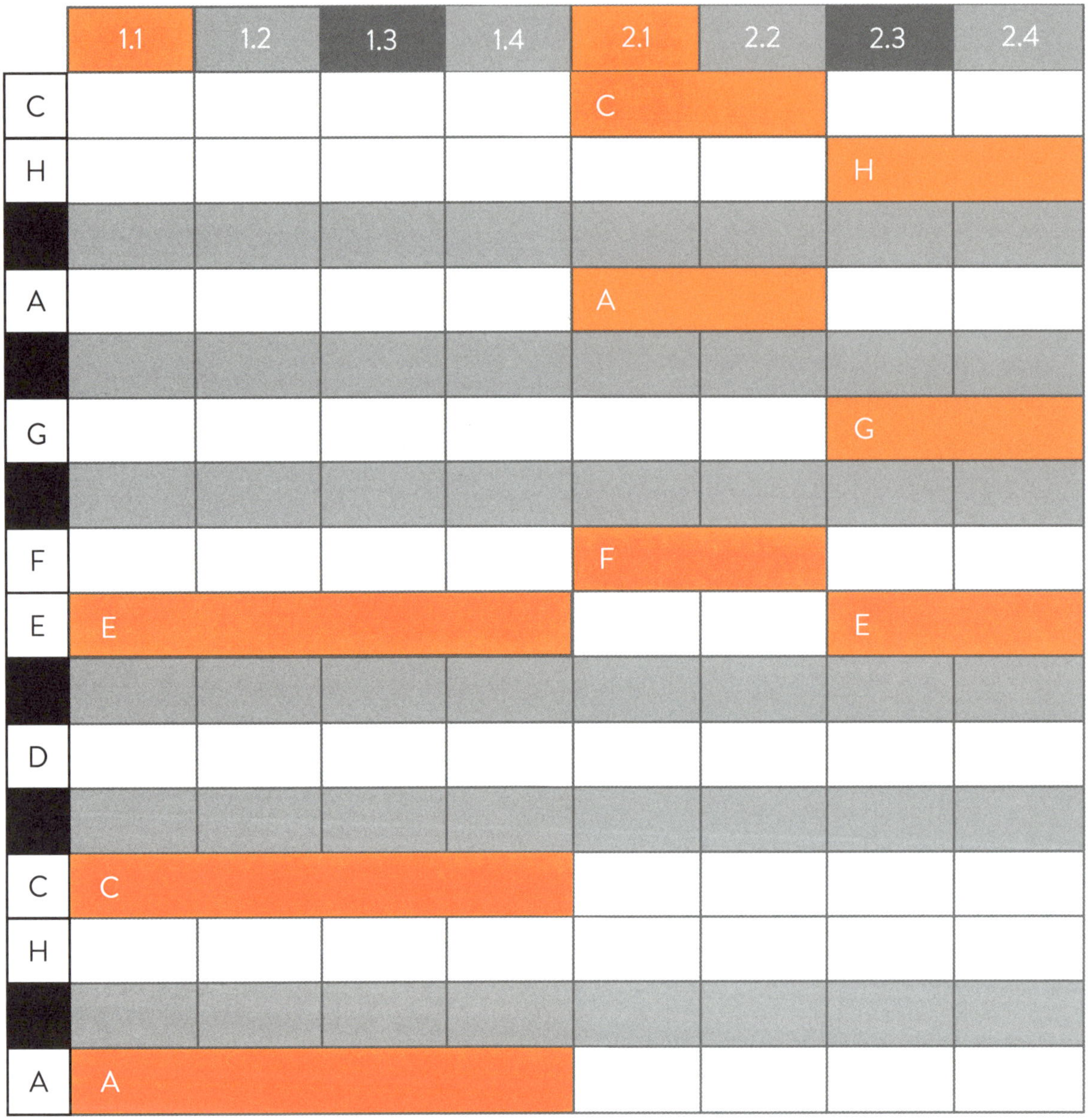

Abb. 43: Akkorde in der Notenrolle

Die wichtigste kompositorische Arbeit unseres Tracks ist damit getan, der Rest sind Details. Ein interessantes Detail ist die Rhythmik. Wir machen also aus den langen Noten kurze und verschieben sie in einem Sechzehntel-Raster so weit, bis es spannend klingt.

Es empfiehlt sich, hierfür einen Beat mitlaufen zu lassen, um die Rhythmik besser zu beurteilen. Bei einem Harmonie-Instrument kommt im Vergleich zu Drumsounds natürlich eine weitere Komponente hinzu: Auch die Länge der Noten spielt eine wesentliche Rolle!

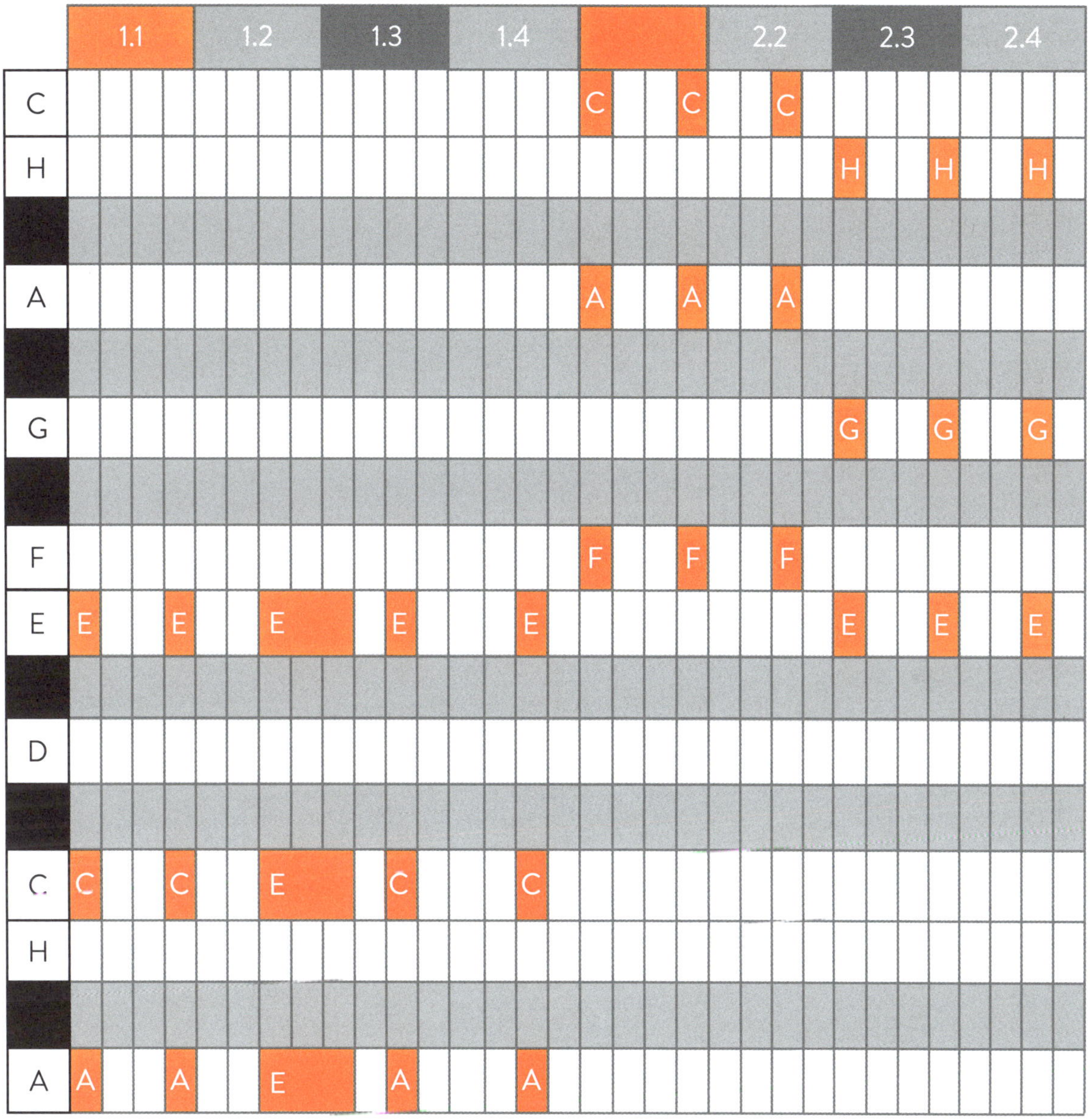

Abb. 44: Akkorde in der Notenrolle mit Rhythmus

Um unseren Chord-Loop noch ein bisschen interessanter zu gestalten, versuchen wir, in der Mitte eines jeden Akkordes eine kleine melodische Variation zu machen.

Mein Tipp ist, einfach auszuprobieren, aber erst einmal auf den weißen Tasten zu bleiben. Im Konkreten verschieben wir bei dem A-Moll-Akkord das C auf das D, und bei den Dur-Akkorden jeweils den Grundton um eine Note nach oben:

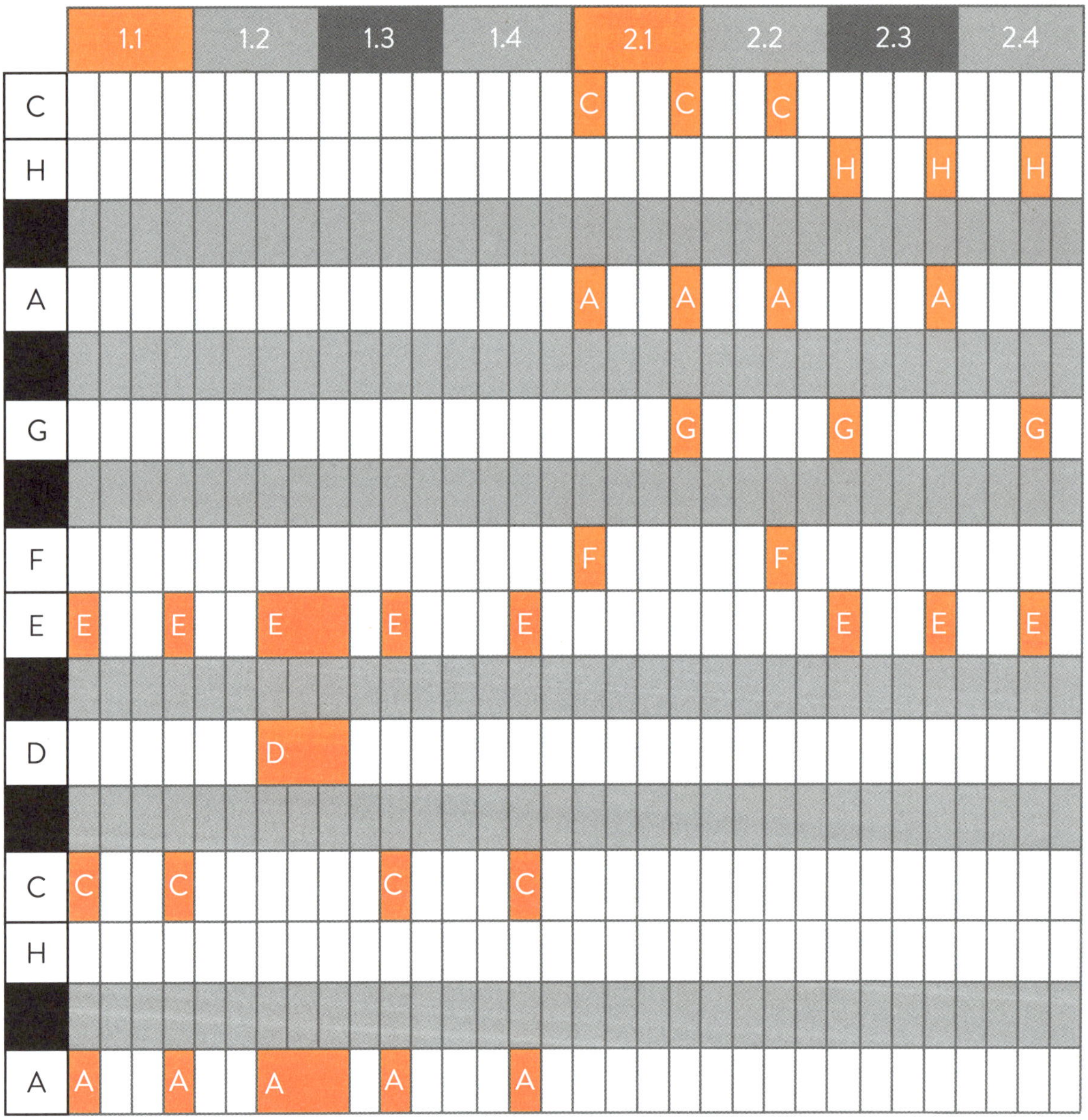

Abb. 45: Akkorde in der Notenrolle mit melodischen Variationen

Und so geht es mir beim Komponieren :)

Vor dem ersten Kaffee:

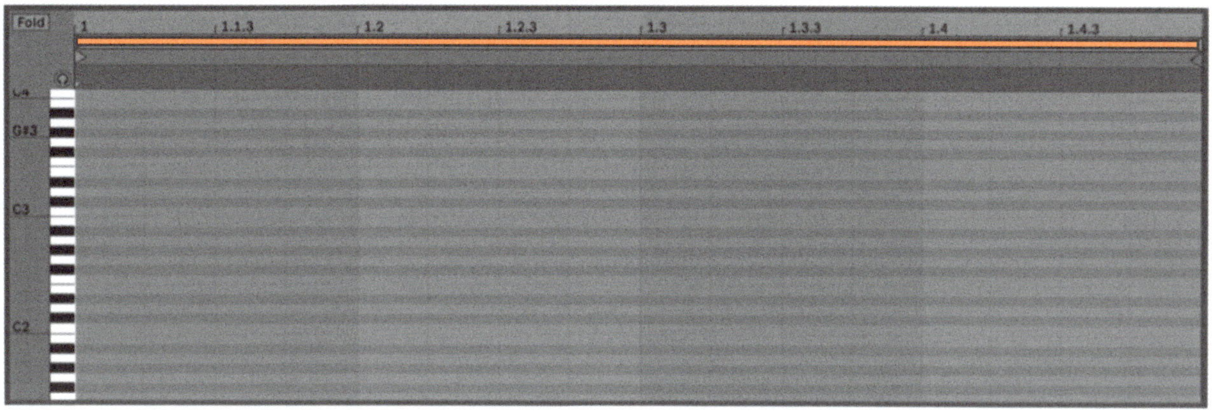

Nach dem ersten Kaffee:

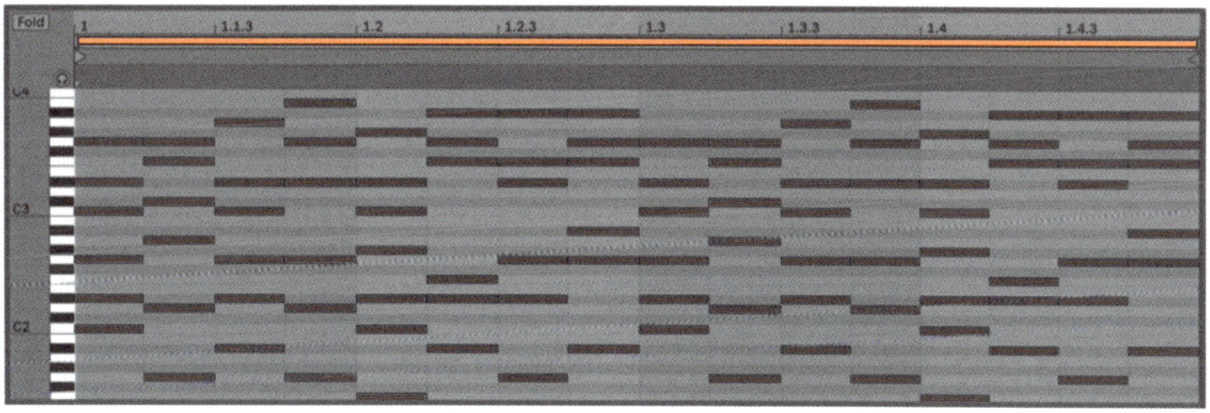

WIR ALLE SEHNEN UNS NACH HARMONIE

SUS2 UND SUS4

Tatsächlich werden in der elektronischen Musik hauptsächlich die einfachen Dreiklänge, wie die der Dur- und Moll-Tonleitern verwendet. Verminderte und übermäßige Akkorde sind genauso selten wie die sogenannten Sus-Akkorde. Aber wer weiß? Vielleicht wird genau dein Track so besonders, weil du diese auf besondere Art und Weise verwendest. „Sus“ kommt von „Suspended“ und bedeutet „Vorhalt“.

Es gibt zwei Arten von Sus-Akkorden. Den „Sus2“ und den „Sus4“. Bei dem Sus2 wird die Terz zu einer Sekunde, also geht einen Ton nach unten. Bei dem Sus4 wird aus der Terz eine Quart, also einen Ton höher.

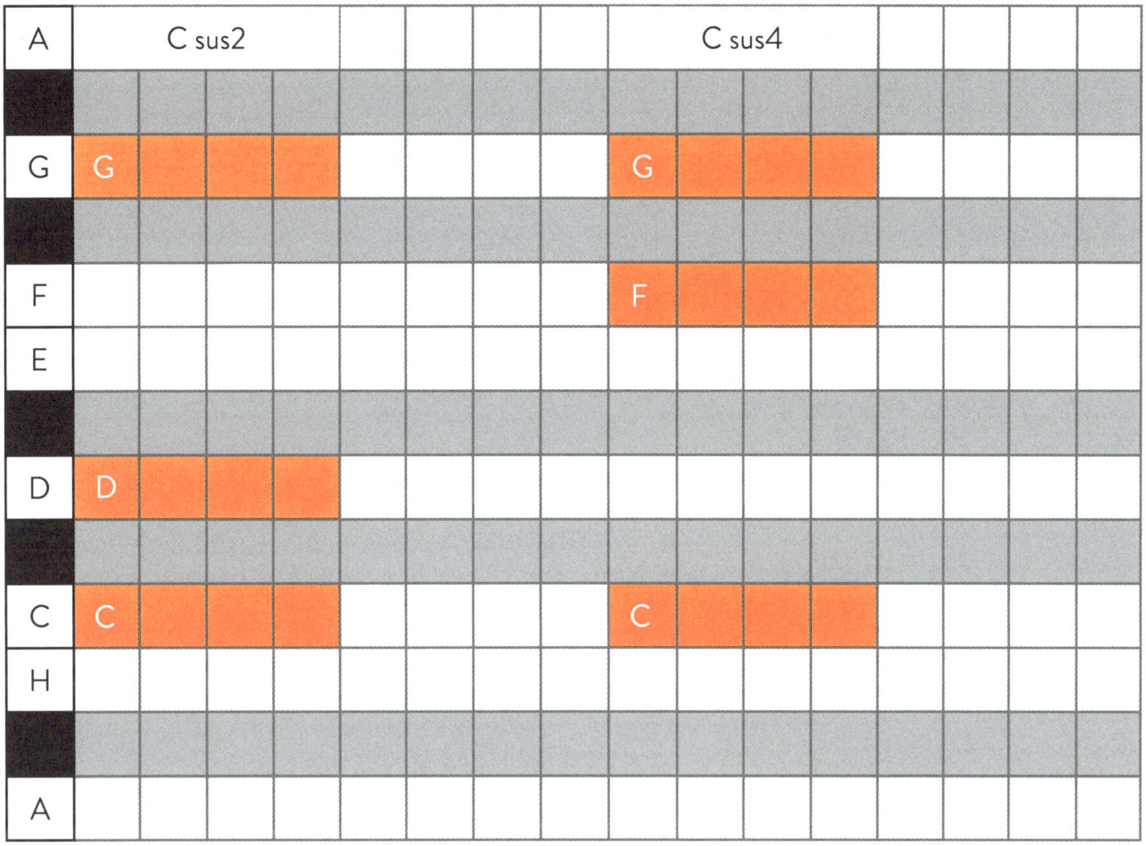

Abb. 46: Der Sus2-Akkord und der Sus4-Akkord

SEPT-AKKORDE
(UND MEHR JAZZ-AKKORDE)

Im Jazz wird meistens nicht mit Dreiklängen gearbeitet, sondern mit Akkorden, die aus mehreren Tönen bestehen. In der elektronischen Musik gibt es viele Stilrichtungen, die vom Jazz inspiriert sind, und die daher auch diese jazzigen Akkorde verwenden. Beispiele hierfür sind Deep House, Jazz House, Latin House, Swing House, Nu Jazz und Electro Swing.

Bei einem Vierklang wird dem Dreiklang ein weiterer Ton hinzugefügt. Dabei ist der häufigste Ton der Septakkord. Diesen gibt es mit der „kleinen Sept" (drei Halbtöne über der Quint), den man als „Dominant Septakkord" bezeichnet, und mit der „großen Sept" (vier Halbtöne über der Quint). Bei der großen Sept spricht man von einem „Major Septakkord".

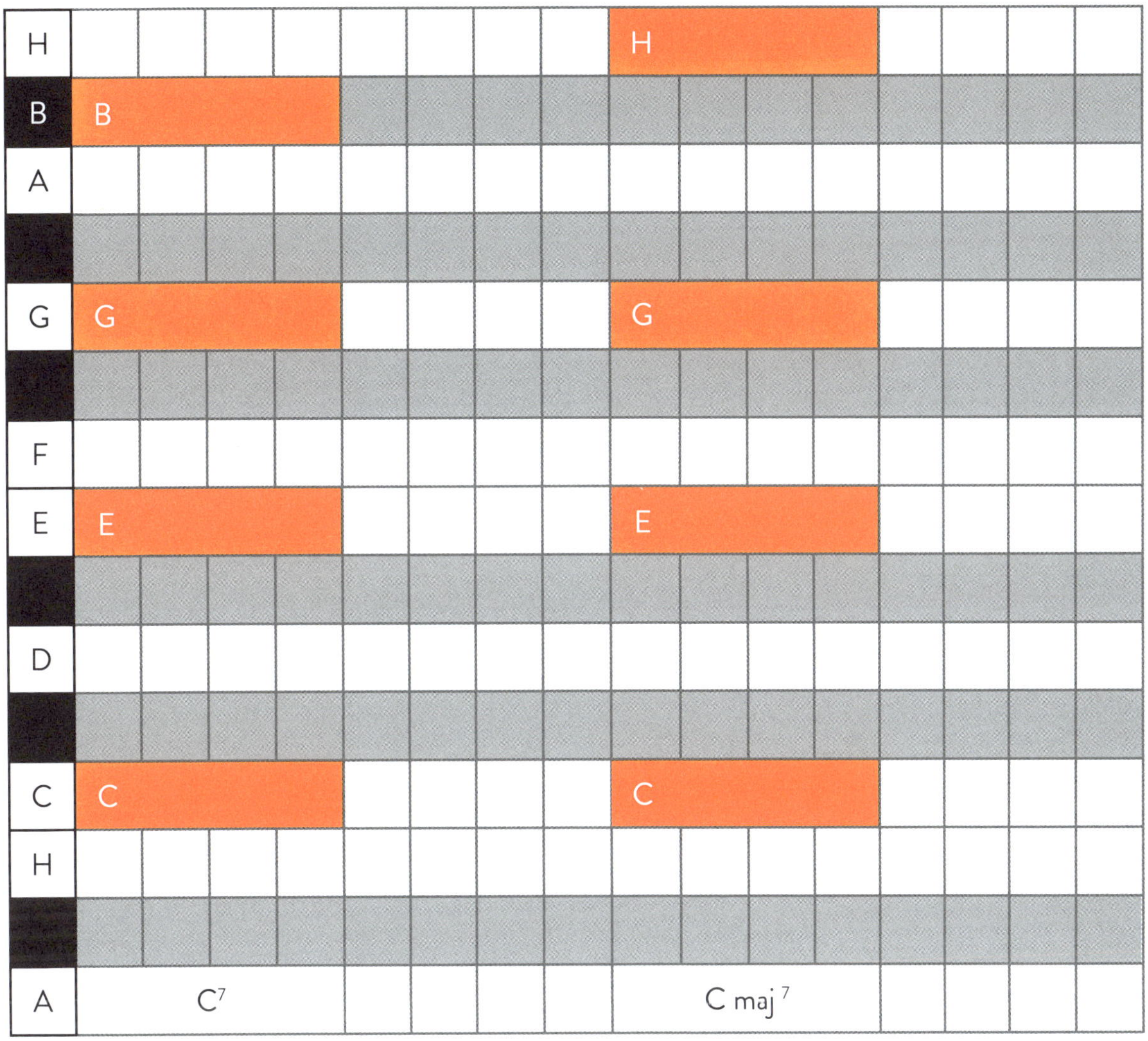

Abb. 47: Der Dur-Septakkord

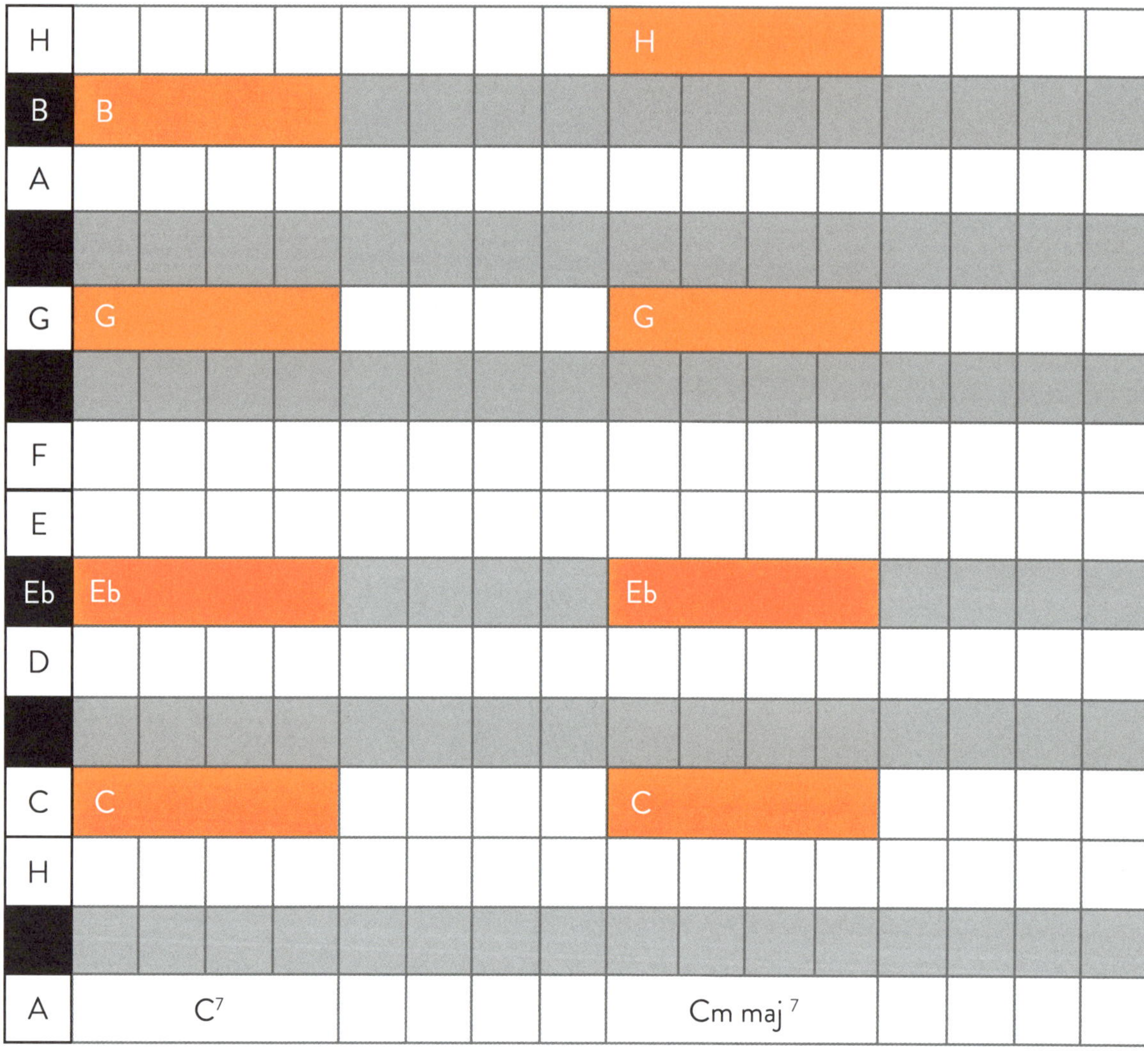

Abb. 48: Der Moll-Septakkord

Mit der Zahl nach dem Akkord gibt man an, welcher Ton dem Akkord hinzugefügt wird. Und so wie man beim Dreiklang zwei Terzen übereinander schichtet, werden beim Vierklang die Töne der weiteren Terzen verwendet, also 7, 9 , 11 und 13.

Bei einem Akkord in C wären das das B, das D, das F und das A.
Hier ein paar Beispiele:

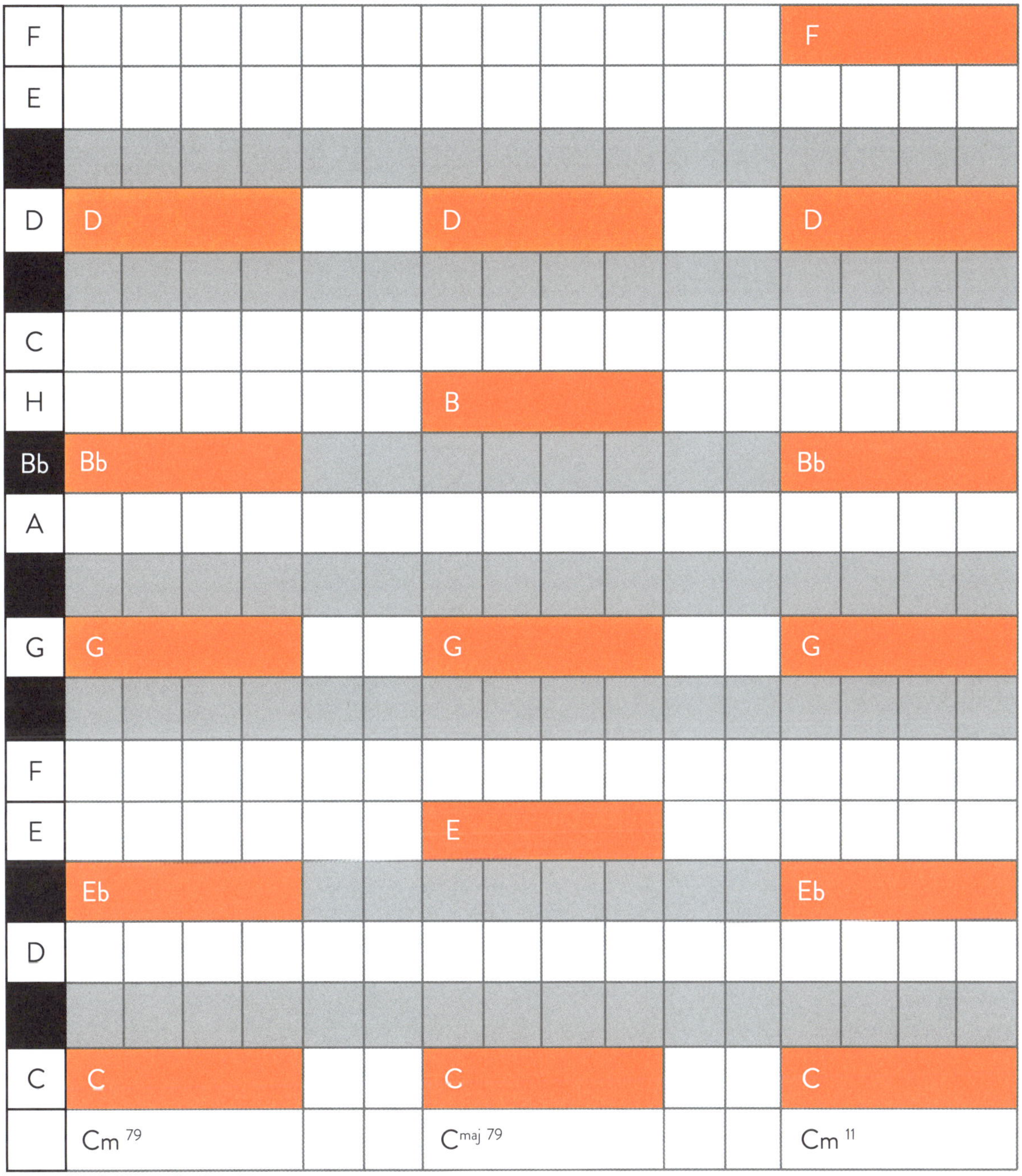

Abb. 49: Vier- und Fünfklänge

Nun ist es so, dass Jazz-Musiker diese Akkorde nie so spielen würden. Wenn ein Jazz-Musiker einen Akkord spielt, gelten folgende Regeln:

1. Wenn es einen Bassisten gibt, wird die Bassnote nur vom Bass gespielt. Alle Musiker, die Akkorde spielen (Gitarrist, Keyboarder etc.) lassen diese weg.

1. Man spielt nicht zu viele Noten, vier Töne sind in der Regel ausreichend. Hierfür wählt man die Töne, die für die Bestimmung des Akkordes am wichtigsten sind. Zum Beispiel ist die Quint nicht notwendig. Es sei denn, sie ist erhöht (wie bei einem übermäßigen Akkord), oder vermindert (wie bei einem verminderten Akkord). Wichtig sind Zusatztöne wie 7, 9, 11, oder 14.

1. Man spielt diese Töne entweder alle in enger Lage, also in der selben Oktave. Oder in weiter Lage, also gleichmäßig über zwei bis drei Oktaven verteilt.

Die Harmonielehre der Jazz-Musik ist so komplex, dass sie ein eigenes Buch benötigen würde. Deshalb vertiefe ich dieses Thema an dieser Stelle nicht.

Konkrete Beispiele solcher Akkorde können folgendermaßen aussehen:

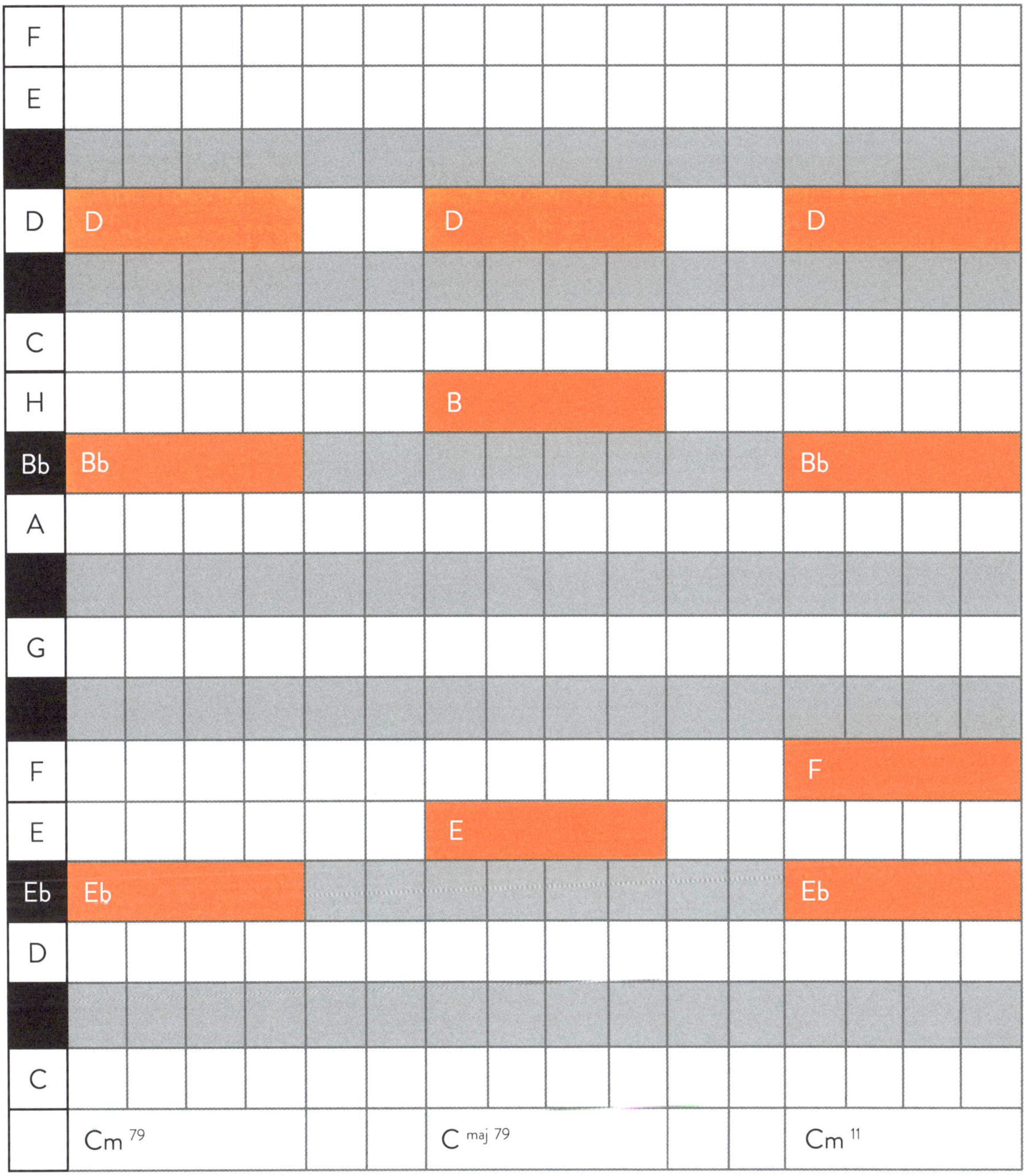

Abb. 50: Akkorde im Jazz-Style

UMKEHRUNGEN

Bisher haben wir einen Akkord immer in der Grundstufe gespielt. Das bedeutet, der unterste Ton war immer der Grundton, und Terz und Quint (so wie alle weiteren Töne) kamen darüber. Man kann aber den Grundton auch eine Oktave höher spielen. In diesem Fall würde man von der „ersten Umkehrung" sprechen. Wenn man nun die Terz auch noch um eine Oktave erhöht, spricht man von der zweiten Umkehrung.

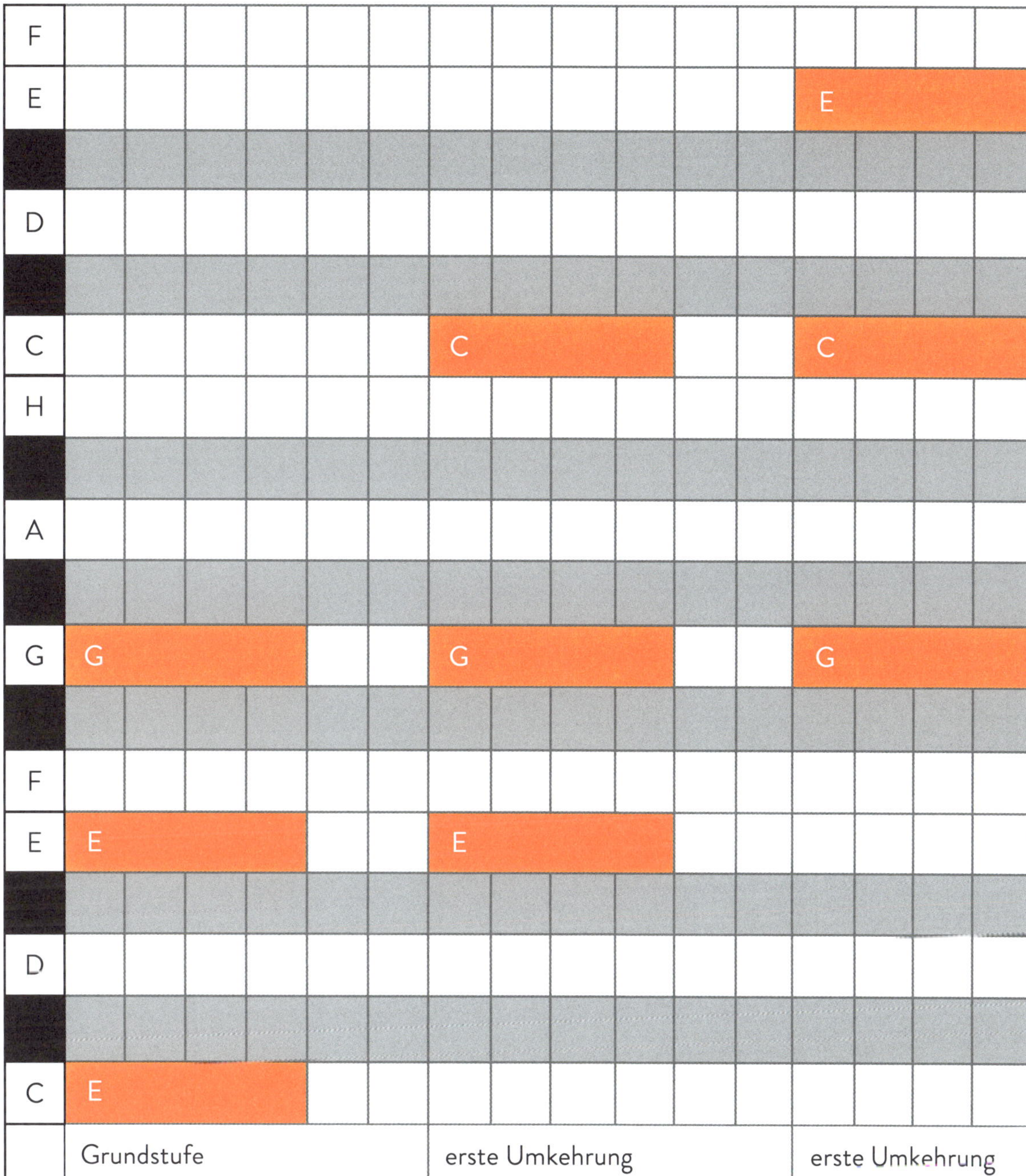

Abb. 51: Die Umkehrungen eines Dur-Akkordes

Die selben Umkehrungen gibt es natürlich nicht nur bei einem Dur-Akkord, sondern auch bei jedem anderen Akkord.

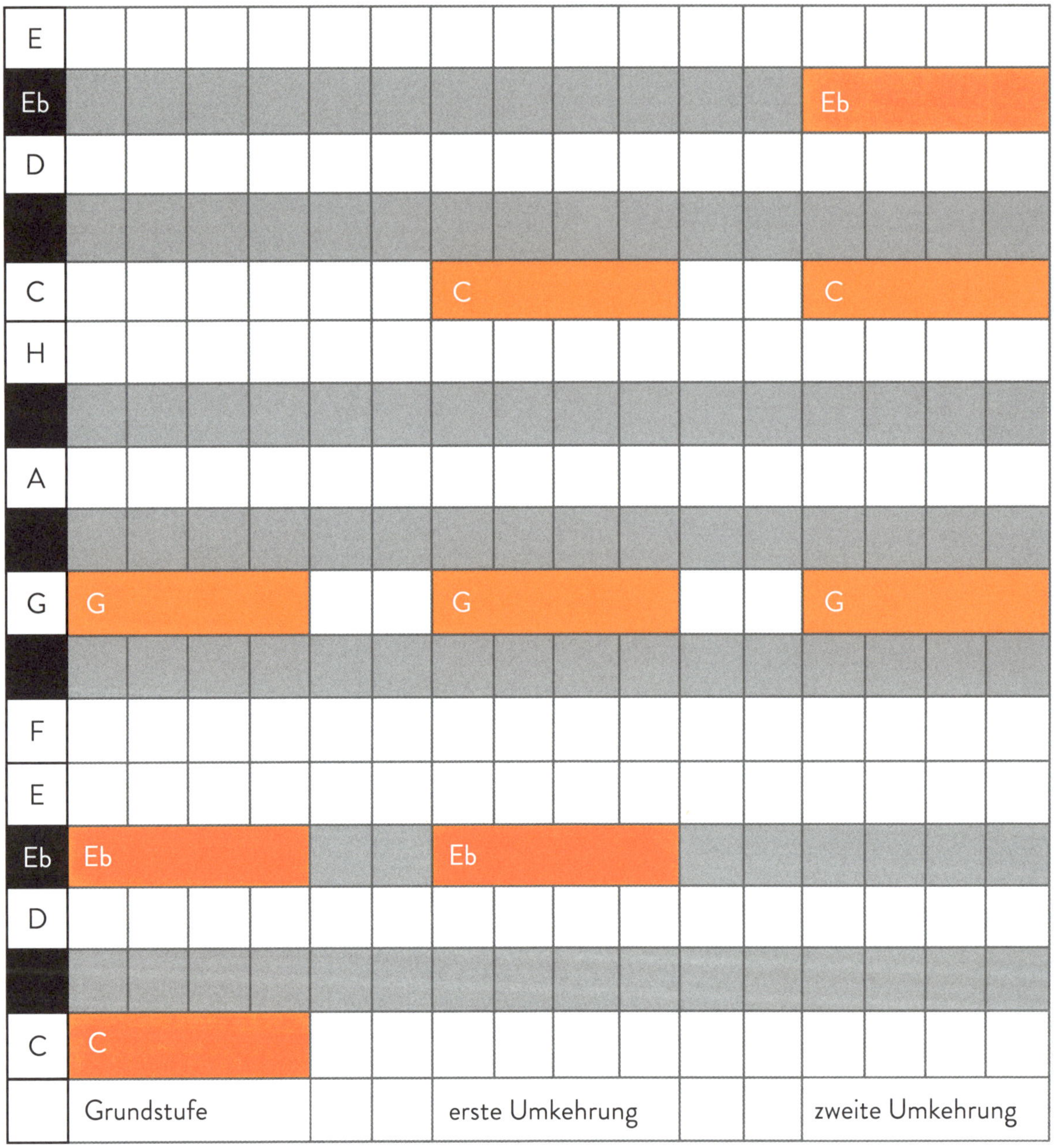

Abb. 52: Die Umkehrungen eines Moll-Akkordes

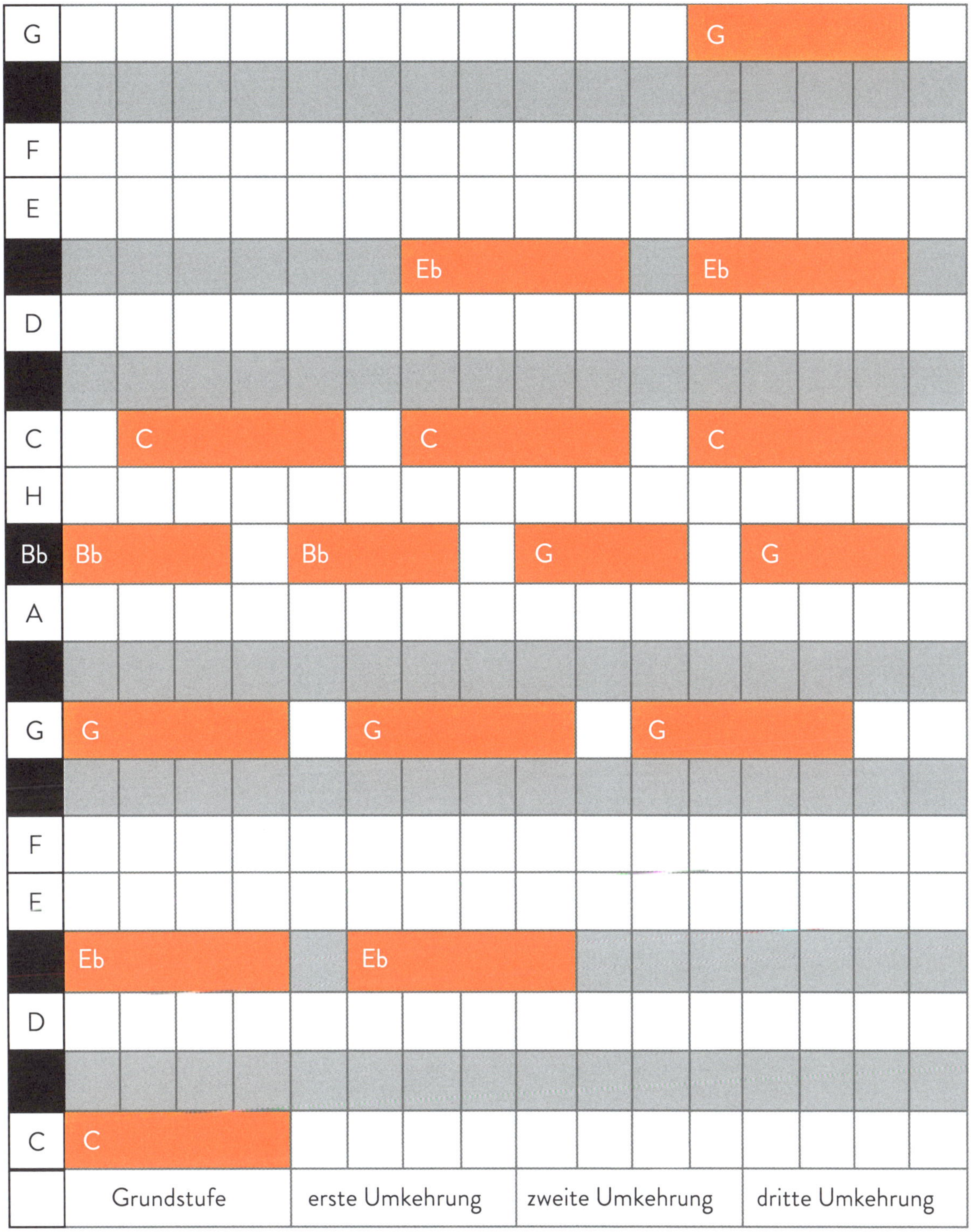

Abb. 53: Die Umkehrungen eines Moll-Septakkordes

Prinzipiell können wir jeden Akkord in jeder Umkehrung spielen. Am schönsten ist es aber, wenn wir die Umkehrungen so wählen, dass wir möglichst wenig herum springen, also immer in der selben Lage bleiben.

Hier noch einmal ein Beispiel aus dem Kapitel „Erste, Vierte, Fünfte“, bei dem der erste Akkord in der ersten Umkehrung gespielt wird. Das heißt, das A des ersten Akkordes wurde um eine Oktave nach oben transponiert. Der dritte Akkord ist in der zweiten Umkehrung, die man bekommt, wenn man die untersten zwei Töne um eine Oktave nach oben transponiert, bzw. den obersten Ton um eine Oktave nach unten transponiert. Dadurch bleiben die Akkorde in derselben Lage. Es entstehen kleine Melodien zwischen den obersten Tönen der Akkorde.

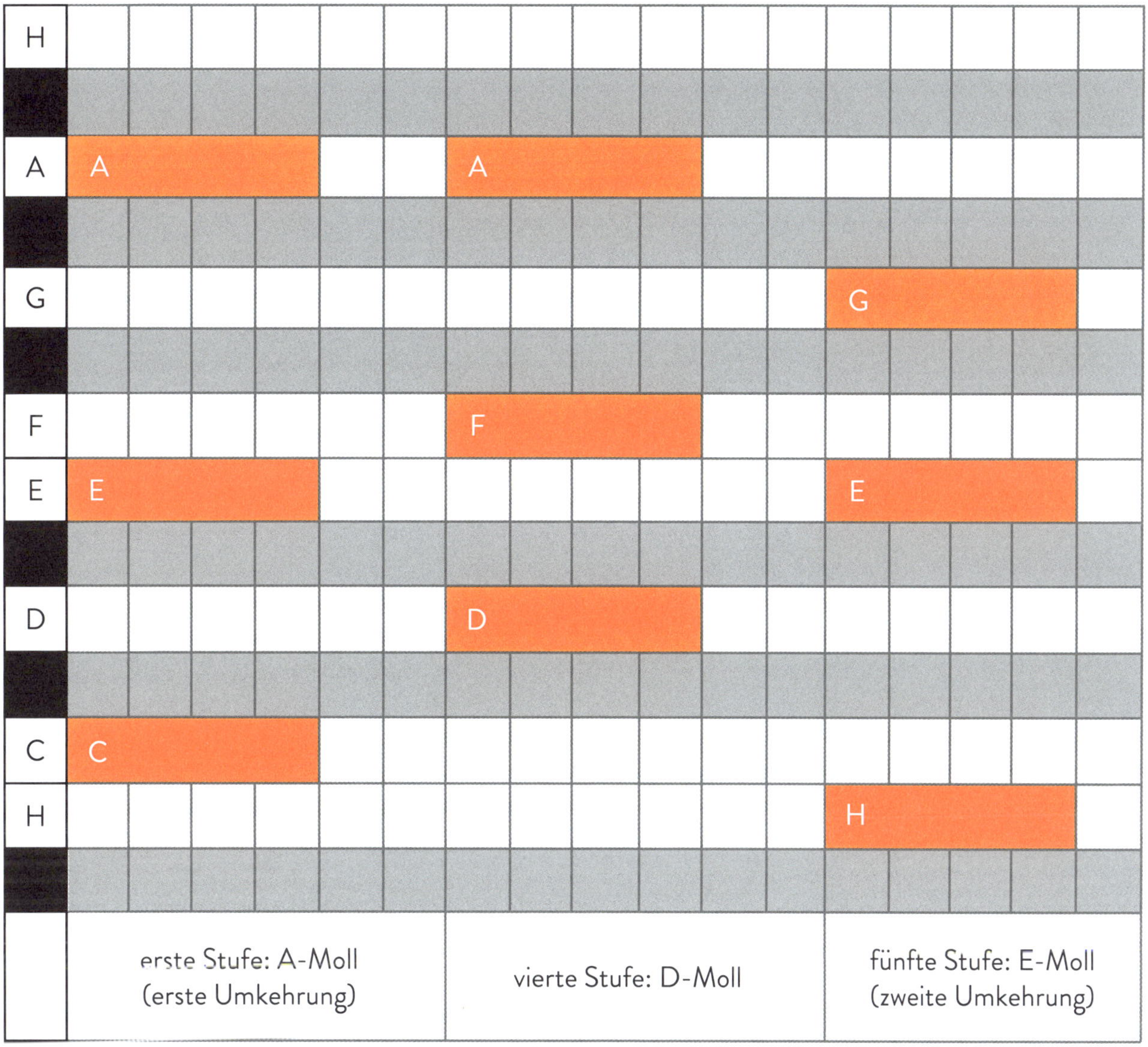

Abb. 54: Akkord-Umkehrungen in A-Moll

Hier die selbe Akkordfolge noch einmal, aber in einer anderen Lage. Wir starten diesmal mit der Grundstufe, der zweite Akkord ist in der zweiten Umkehrung und der dritte Akkord in der ersten Umkehrung:

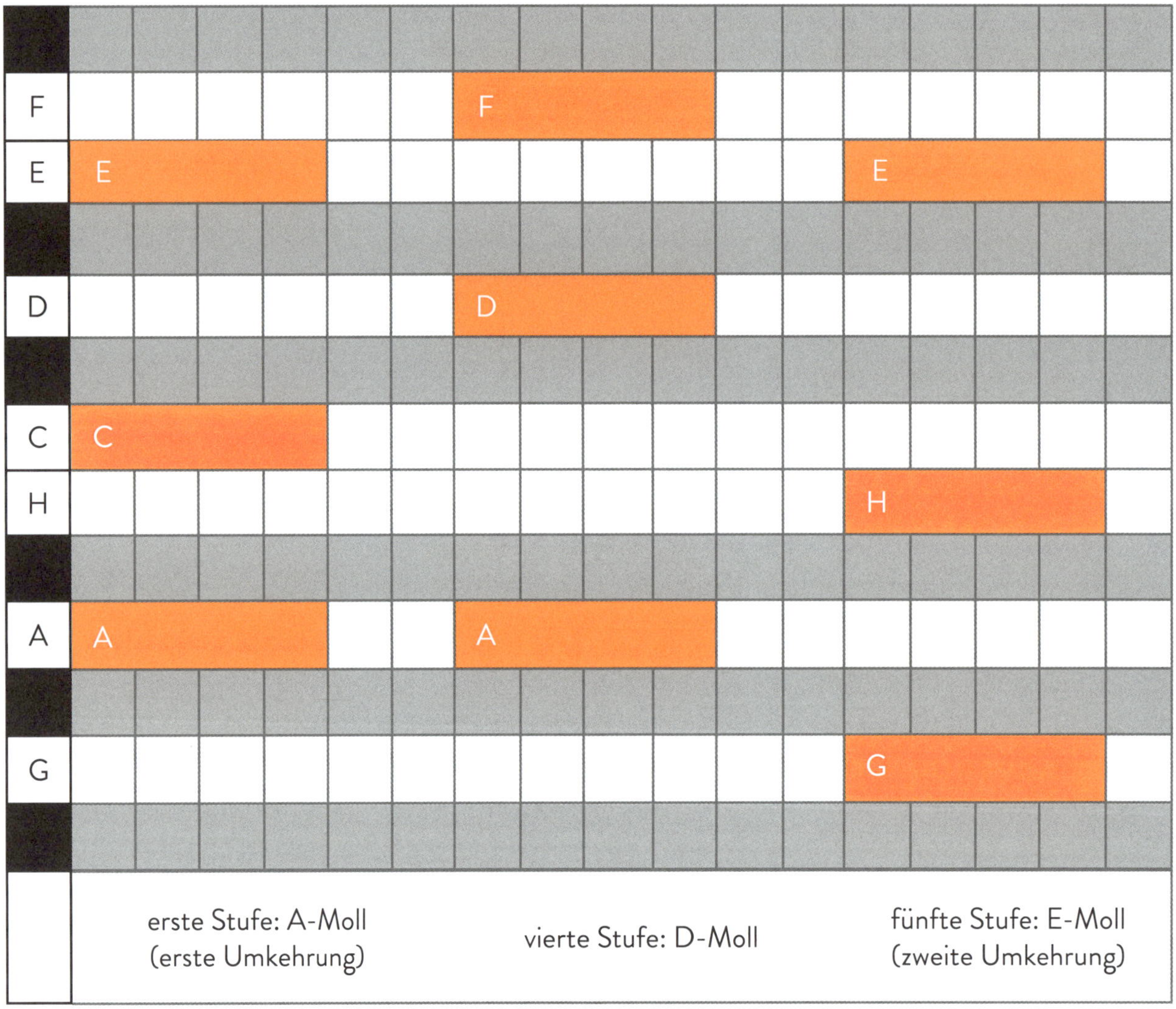

Abb. 55: Akkord-Umkehrungen in A-Moll (mit der Grundstufe startend)

ANDERE BASSNOTEN

In den meisten Fällen spielt der Bass den Grundton der Harmonie. Also bei einem A-Moll-Akkord würde er das A spielen. Er könnte aber auch die Terz oder die Quint spielen (C bzw. das E). In der klassischen Musik würde man in diesem Fall diesen Ton in der Harmonie weglassen. Demnach würde der Bass bei einem A-Moll-Akkord das C anstatt dem A spielen, würde man in der Harmonie nur das A und das E spielen.

In der elektronischen Musik wird das auch häufig gemacht. Das ist aber kein Gesetz, sondern eher Geschmacksache. Notieren würde man das so: Am/E (Der Ton nach dem Querstrich ist der Basston)

Folgend ein paar typische Akkordfolgen, bei denen der Bass eine andere Note als den Grundton spielt:

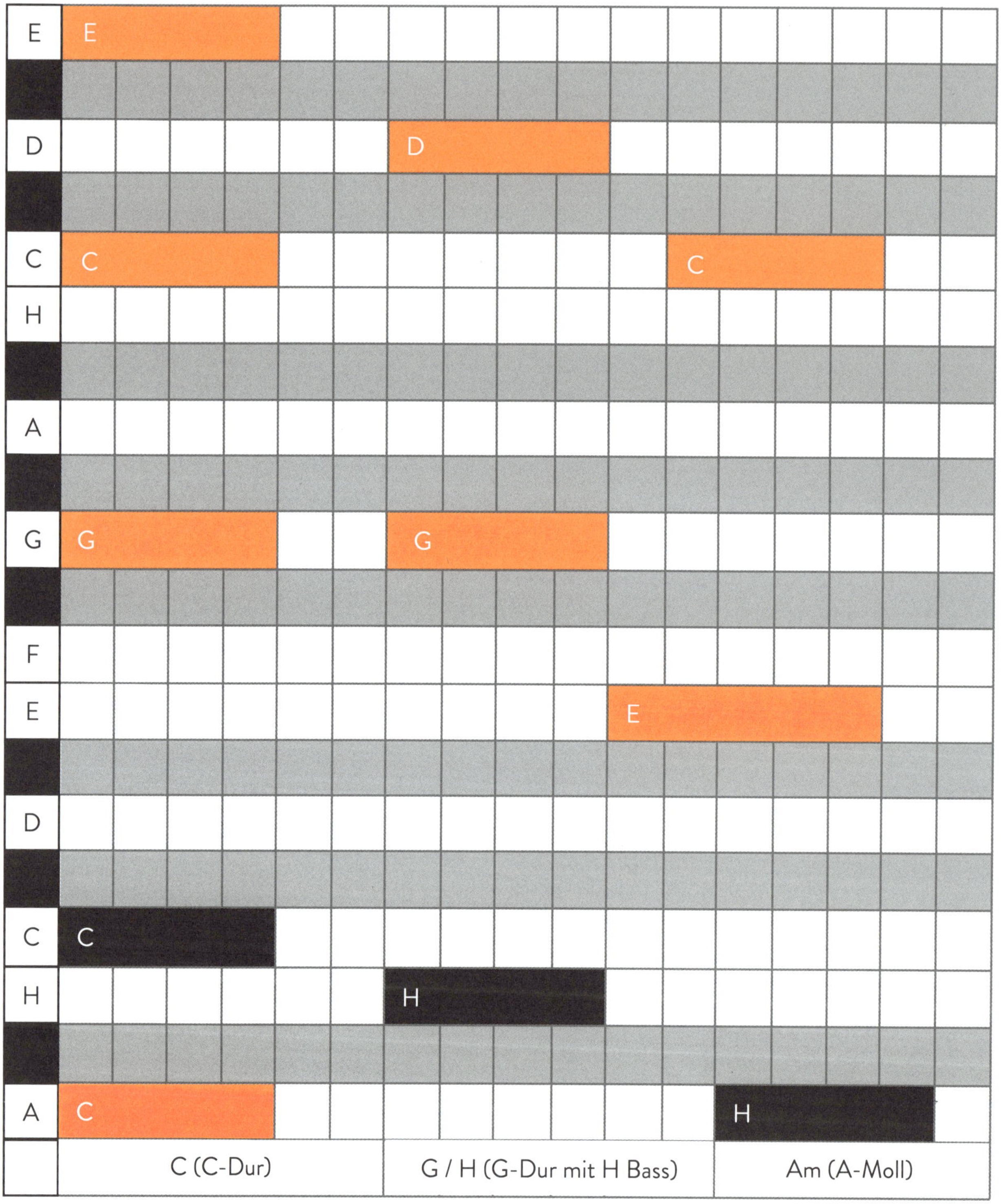

Abb. 56: Harmoniefolge in C-Dur, der Basston liegt beim zweiten Akkord auf der Terz

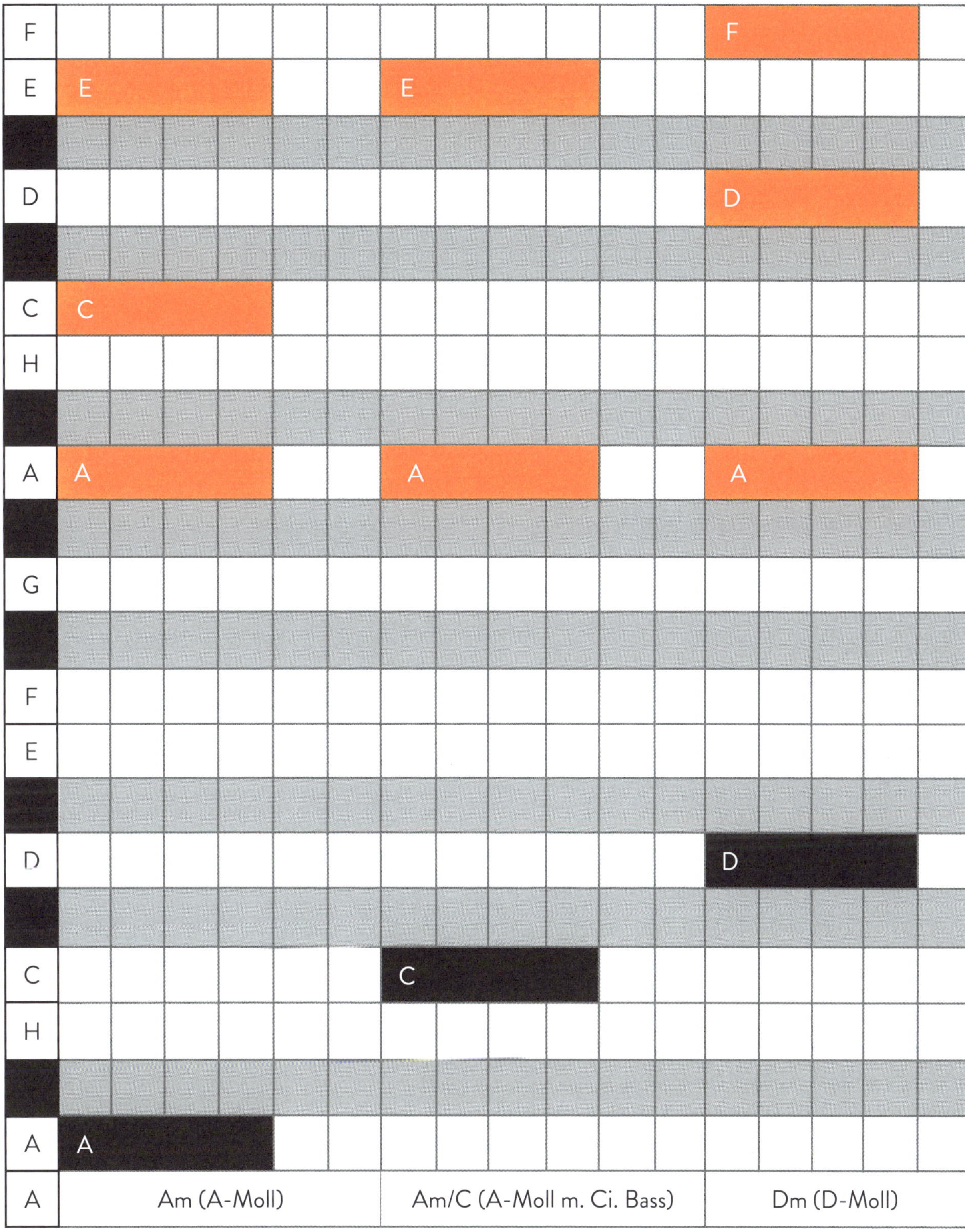

Abb. 57: Harmoniefolge in A-Moll, der Basston liegt beim zweiten Akkord auf der Terz.

Der Basston kann nicht nur jeden beliebigen Ton des Akkordes spielen, sondern auch jeden anderen Ton. Zum Beispiel könnte der Bass ein B auf einen C-Dur-Akkord spielen. Hier zwei weitere Beispiele für eine Akkordfolge, bei der der Bass einen Ton spielt, der in der Harmonie nicht enthalten ist.

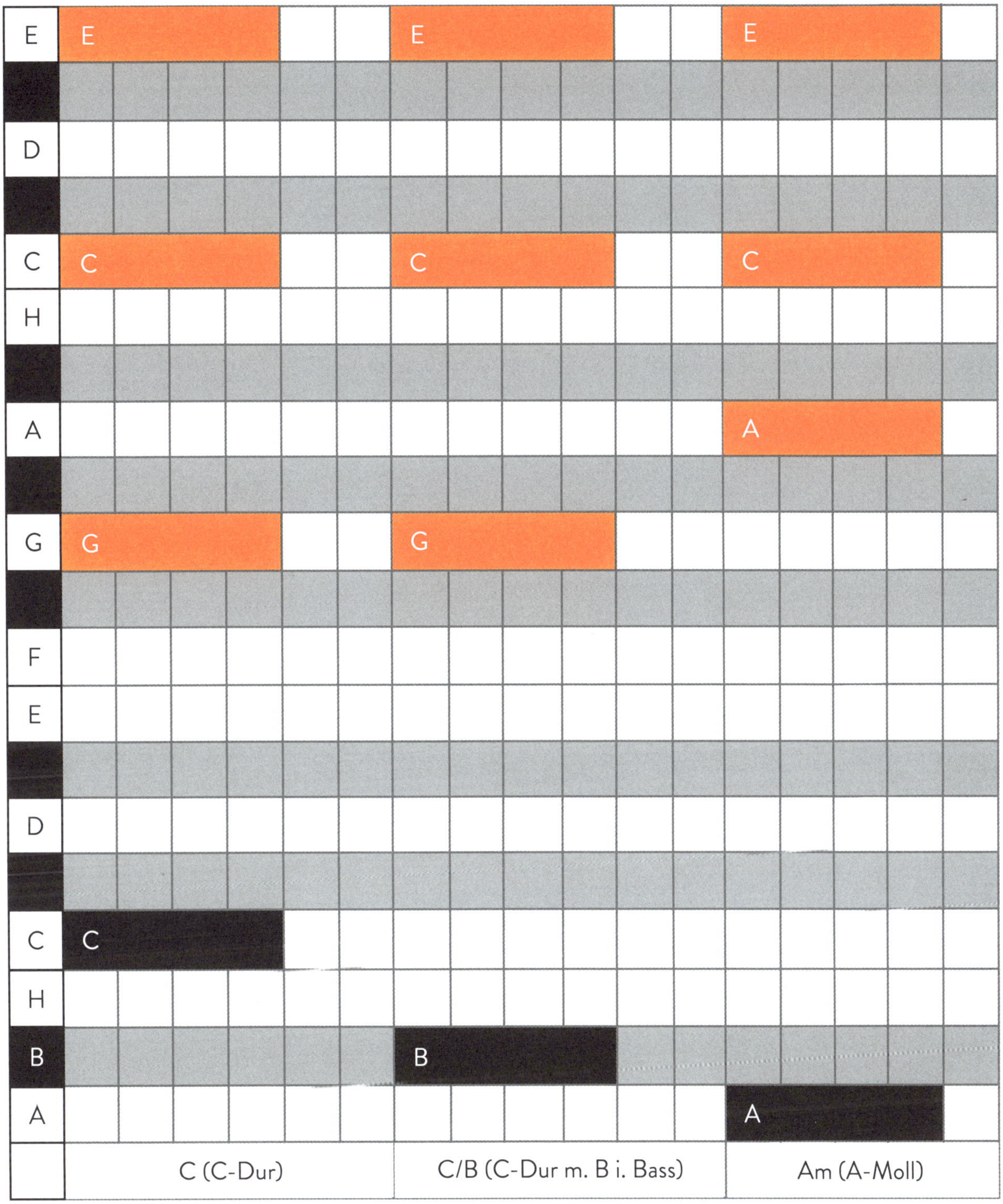

Abb. 58: Harmoniefolge in C-Dur, der Basston liegt beim zweiten Akkord auf der Sept.

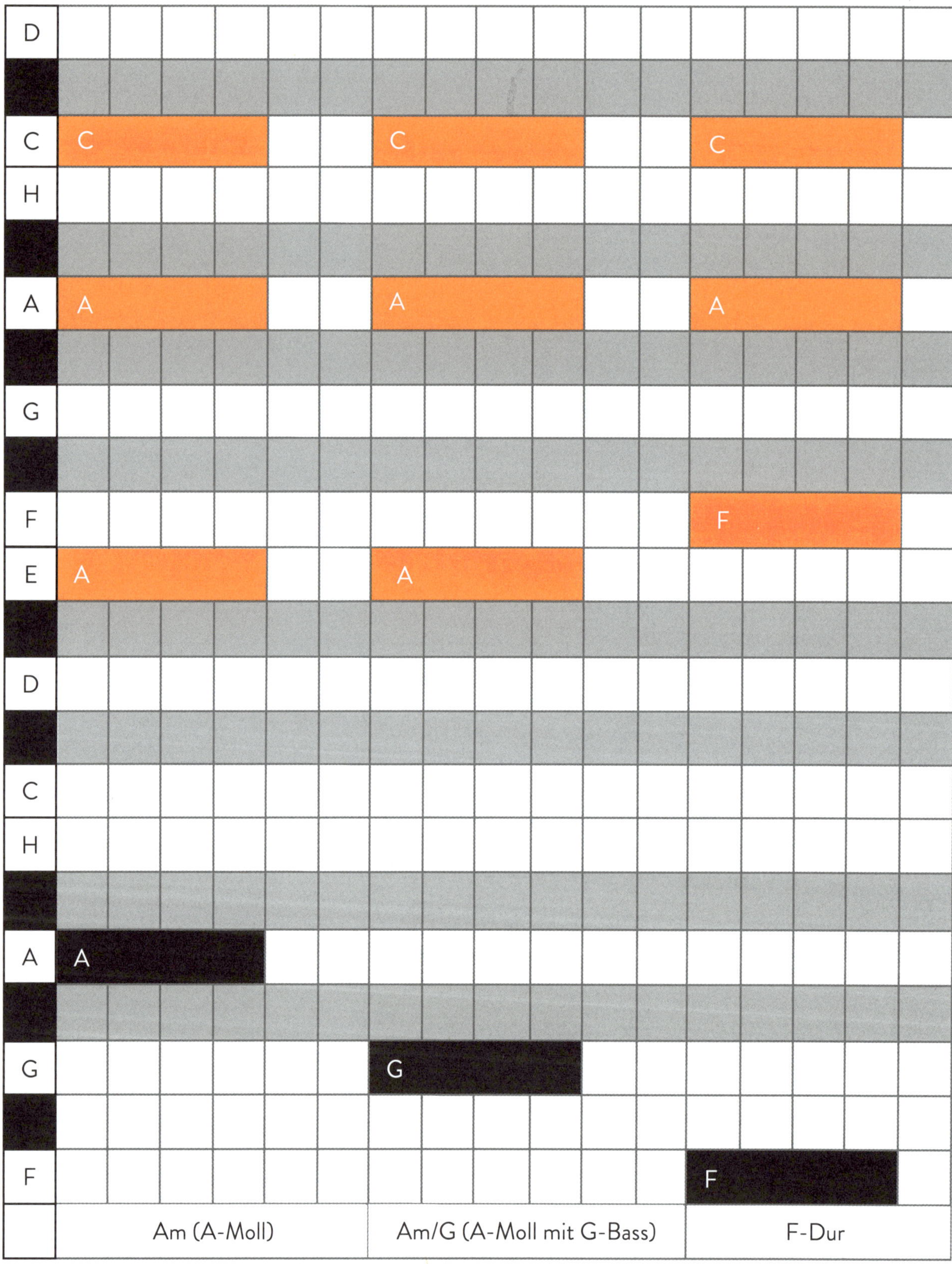

Abb. 59: Harmoniefolge in A-Moll, der Basston ist B, 2. Akkord auf der Sept

KOMPONIEREN IN DER NOTENROLLE

– PART 2

Schauen wir uns noch einmal unser Beispiel (Abb. 45) aus dem Kapitel „Komponieren in der Notenrolle – Part 1“ an. Wir haben spannende Akkorde gefunden, diese mit einer interessanten Rhythmik verseh-en, und melodische Variationen dazu kreiert.

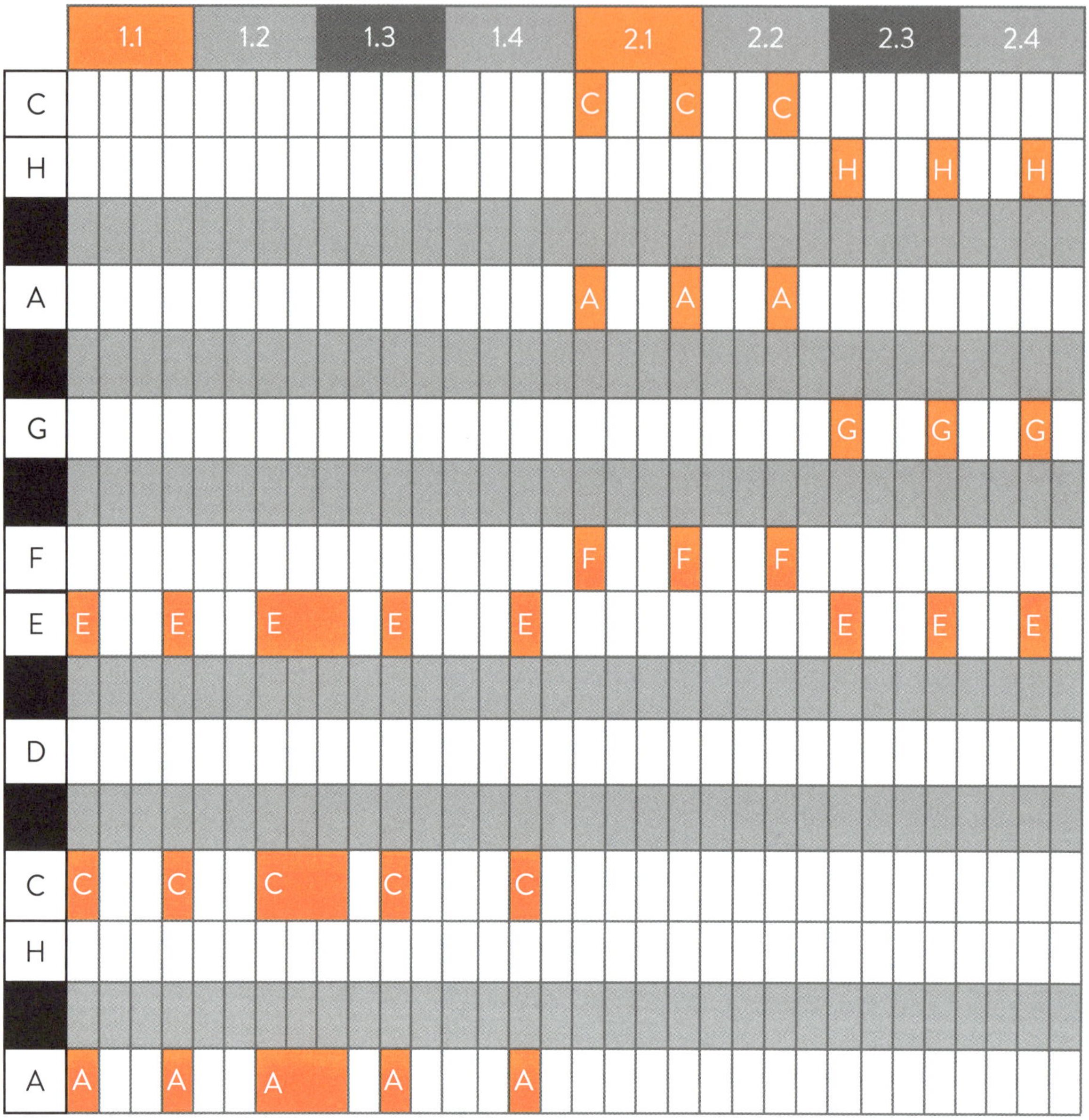

Abb. 60: Akkorde in der Notenrolle ohne Umkehrung

Der große Sprung nach oben ist noch nicht optimal. Dies können wir vermeiden, indem wir den zweiten und dritten Akkord in eine andere Umkehrung geben. Im Konkreten transponieren wir die oberen beiden Töne des zweiten Akkordes und den oberen Ton des dritten Akkordes um eine Oktave nach unten.

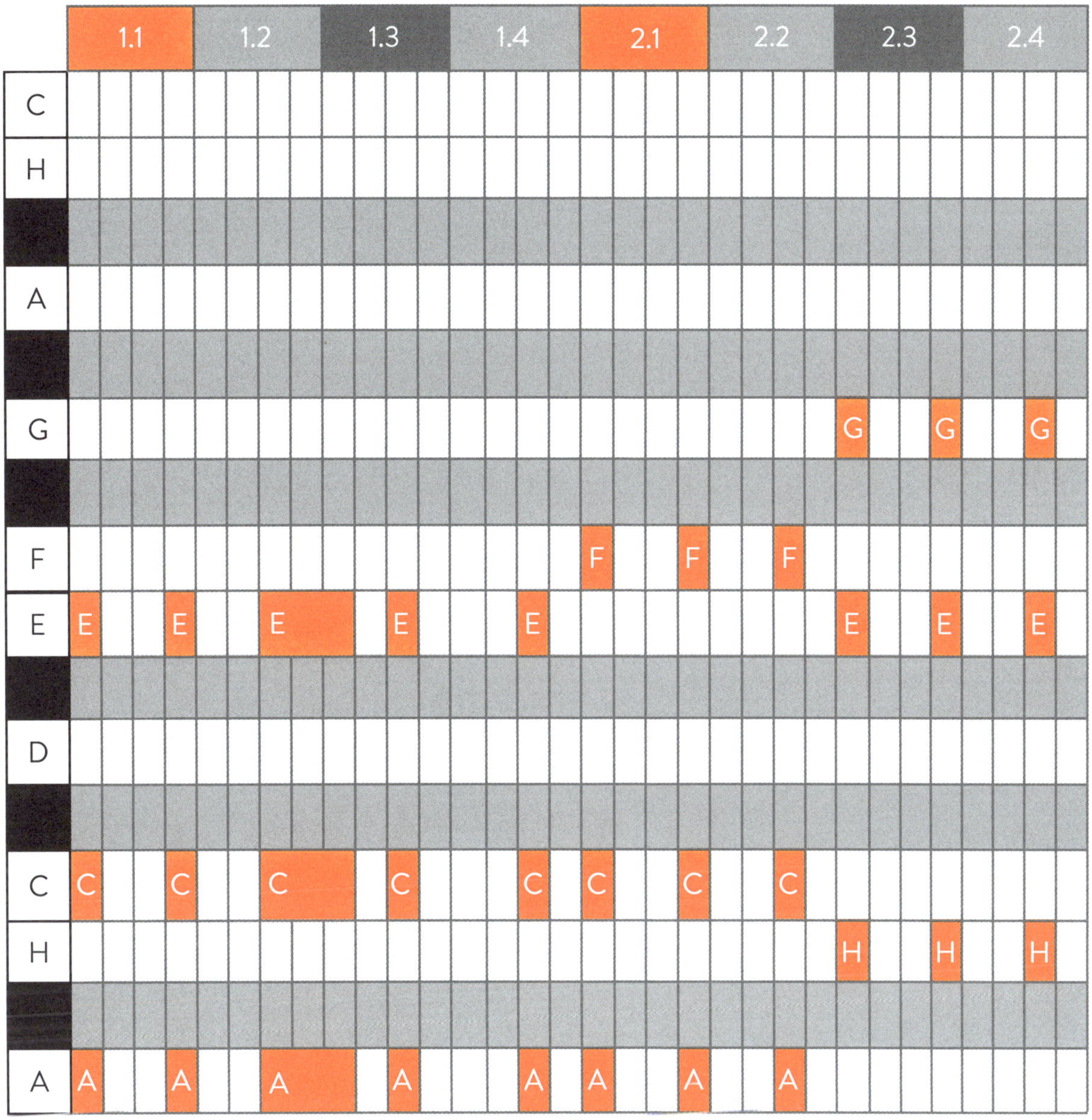

Abb. 61: Akkorde in der Notenrolle mit Umkehrung

Dadurch ergibt sich eine schönere Melodieführung, als die, die wie bei den großen Sprüngen, zuvor hatten.

ZWEISTIMMIG

– WENIGER IST MEHR!

Bei einigen Orchester-Werken wird in manchen Passagen darauf verzichtet, ganze Akkorde zu spielen. Das gesamte Orchester reduziert sich auf zwei Stimmen: Lead und Bass. Diese Reduktion auf zwei Stimmen wirkt deutlich kraftvoller.

Alle hohen Instrumente (Geige, Viola, Trompete etc.) spielen die Lead-Stimme, alle tiefen Instrumente (Kontrabass, Cello, Posaunen etc.) spielen die Bass-Stimme. Dieses Phänomen wird in der elektronischen Musik auch angewendet. Gerade im Elektro-House findet man viele Tracks, bei denen der Synthesizer auf zwei Töne reduziert wird, wobei speziell die Lead-Stimme in mehreren Oktaven erklingt und das Weglassen des Akkordes einen mächtigen und fetten Sound erzeugt.

Hierbei gilt es jedoch ein paar Überlegungen zu beachten! Obwohl ein Akkord aus drei Tönen besteht, können zwei Töne einen Akkord durchaus beschreiben. Dabei ist die Terz immer wichtiger als der Grundton, da die Terz das „Geschlecht“ des Akkordes (Dur- oder Moll-Akkord) beschreibt. Folgende Grafik zeigt konkrete Beispiele, die keine Frage über das Geschlecht des Akkordes offen lassen.

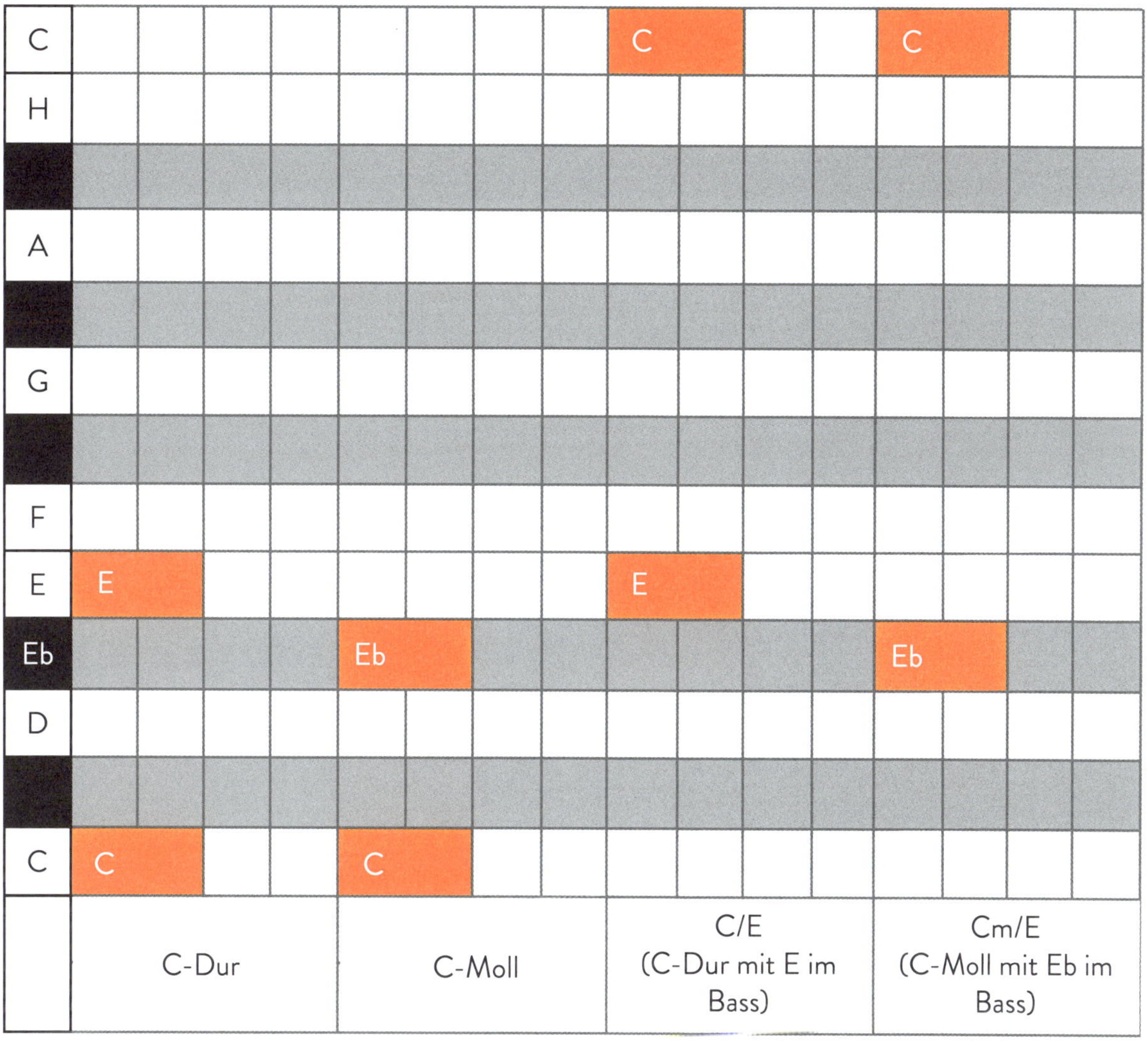

Abb. 62: Dur- und Moll-Akkorde durch zwei Töne definiert

Die Quint und die Oktave lassen offen, ob wir es mit einem Dur- oder Moll-Akkord zu tun haben. Dies kann aber durchaus ein gewünschter Effekt sein.

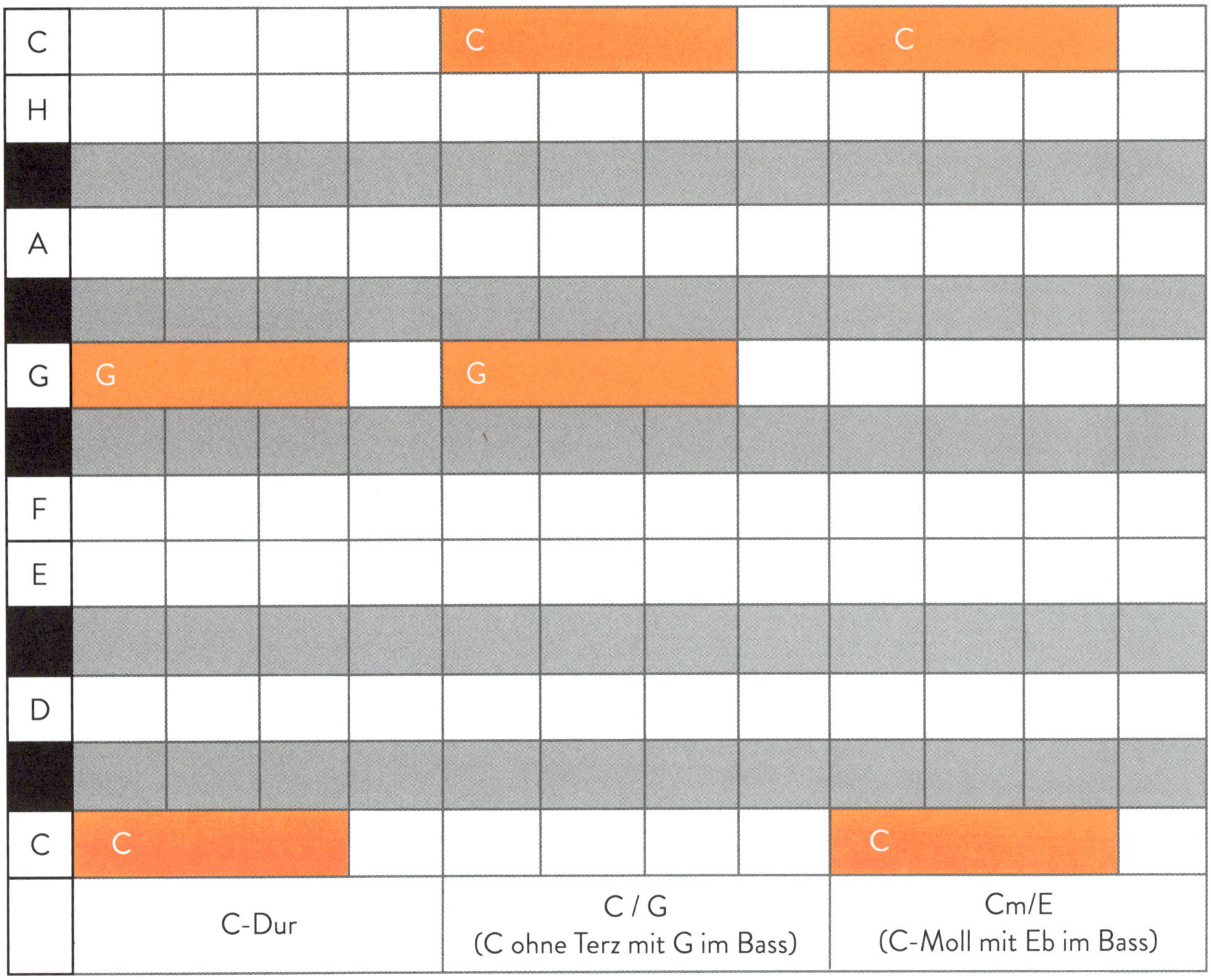

Abb. 63: Quart, Quint und Oktave definieren einen Akkord, ohne dabei sein Geschlecht zu bestimmen.

Wenn man die Grundlagen der klassischen Harmonielehre lernt, wird einem beigebracht Quint- und Oktave-Parallelen zu vermeiden. Was bedeutet das? Wenn man auf einer Quint, Quart oder Oktave landet, empfiehlt es sich, mit den beiden Stimmen nicht nach oben oder nach unten zu gehen, sondern nach außen oder nach innen.

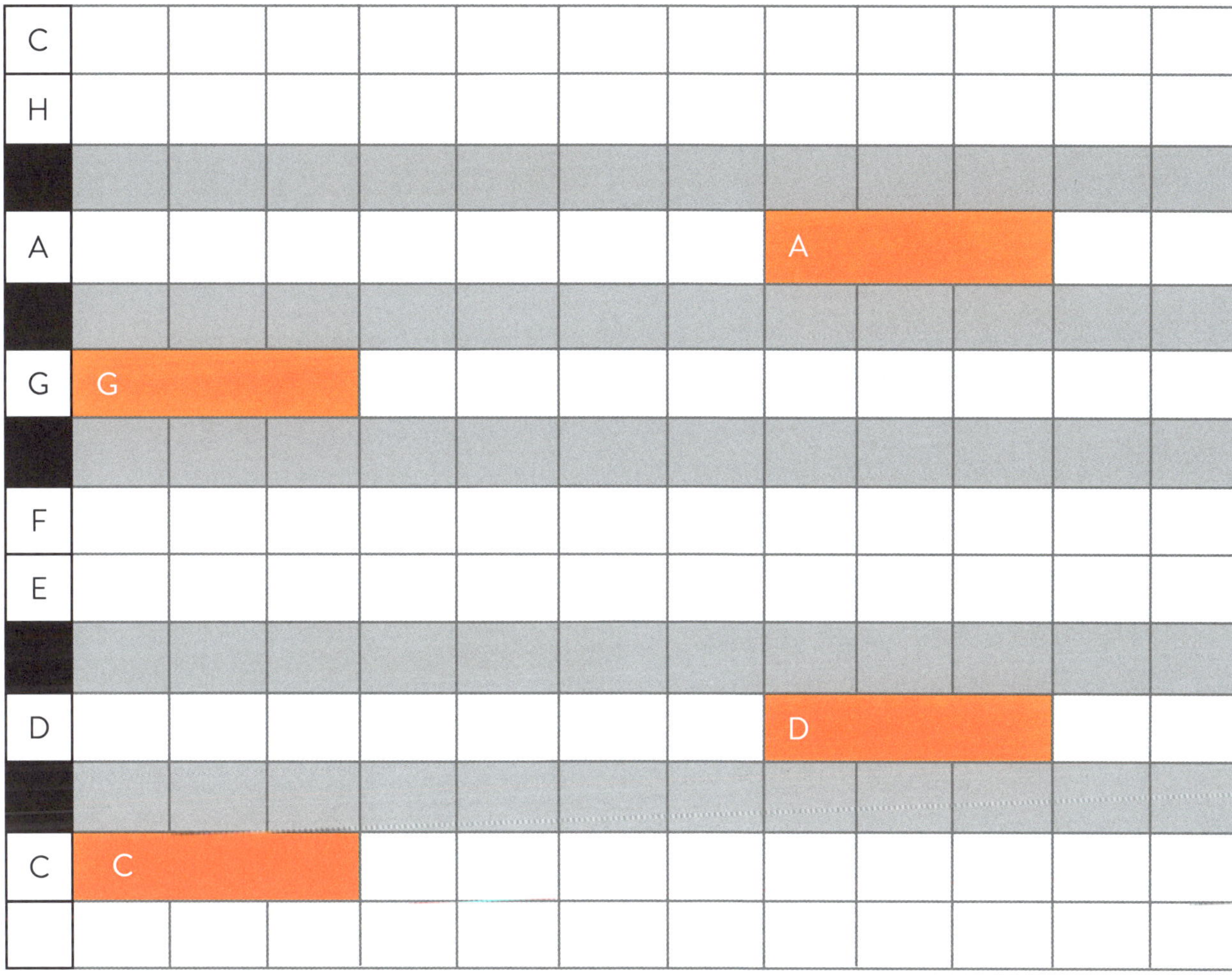

Abb. 64: Schlechte Stimmführung: Beide Stimmen gehen nach oben und landen in der Quint.

Heute sind diese Regeln natürlich nur noch als ein Vorschlag und nicht als Gesetz zu betrachten. Daher empfiehlt es sich, den Unterschied kritisch anzuhören und sich selbst eine Meinung zu bilden.

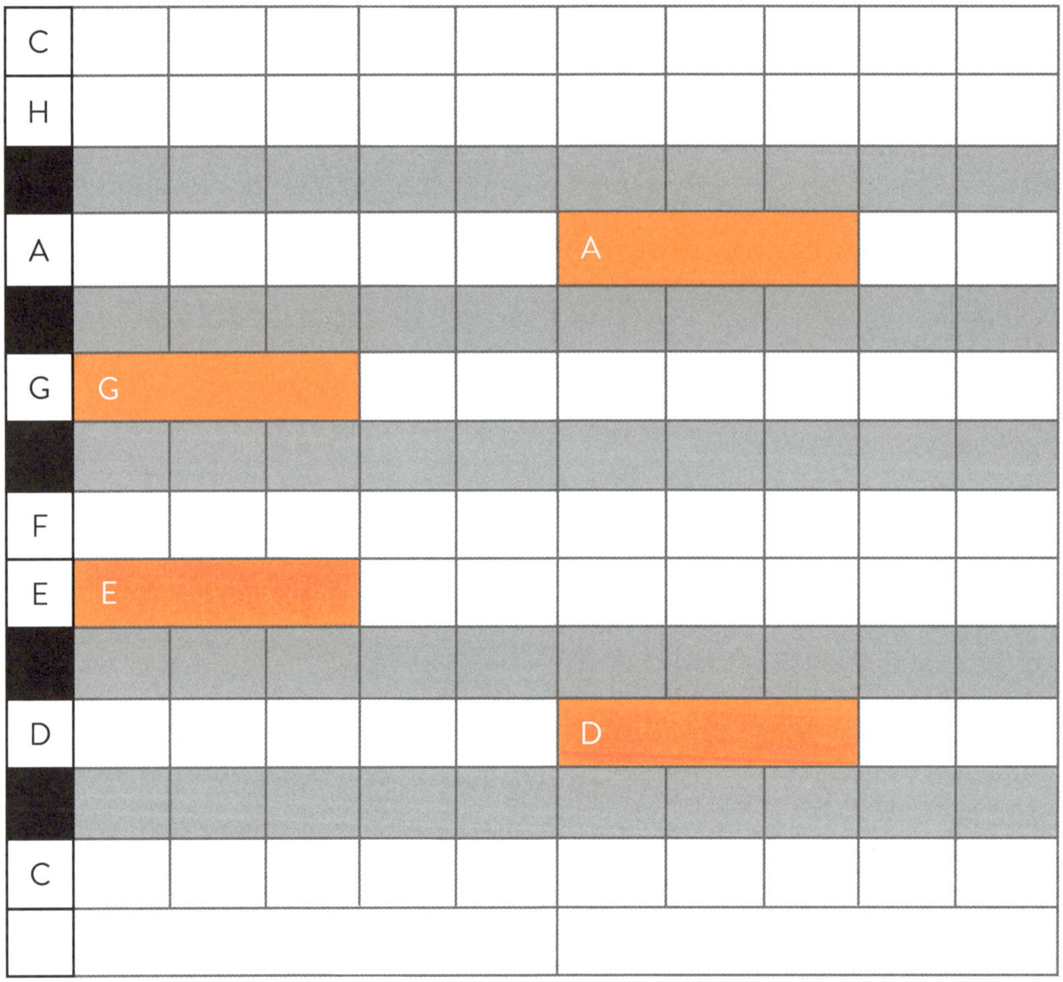

Abb. 65: Gute Stimmführung: Eine Stimme geht nach oben, die andere nach unten, um auf der Quint zu landen.

DIE MELODIE

Melodien zu komponieren ist auf der einen Seite eines der schwierigsten und komplexesten Themen, auf der anderen Seite auch so unglaublich einfach. Ich würde es gerne mit Autofahren vergleichen. Erst müssen wir lernen, mit Gas, Kupplung und Bremse umzugehen. Das Lenken muss man nicht lernen, das macht man intuitiv. Aber das Schalten von Gängen muss man verstehen, und es bedarf einiges an Praxis, um es wirklich zu können. Doch irgendwann haben wir das Kuppeln und Schalten verinnerlicht und können uns auf völlig andere Dinge konzentrieren: Wie komme ich zu meinem Ziel? Welche Musik möchte ich dabei hören? Warum sind alle Autofahrer mit Hut im Verkehr immer wieder schwierig? Ein guter Autofahrer ist zwar konzentriert bei der Sache, muss aber über die Theorie des Autofahrens nicht mehr nachdenken.

Ähnlich sollte es beim Komponieren sein. Hoffentlich haben wir möglichst viel Musiktheorie gelernt, die uns dabei hilft, einen guten Job zu machen. Aber konzentrieren sollten wir uns jetzt auf andere Dinge: das Gefühl bzw. die Emotion, die wir beim Hörer erreichen wollen.

Gute Melodien müssen nicht schwierig sein, sie müssen nicht besonders viele Töne, oder komplexe Sprünge haben. Nichts davon zeichnet keine gute Komposition aus. Es ist einzig und allein die beim Hörer entstehende Emotion, die eine großartige Komposition von einer belanglosen unterscheidet.

Hier ist also mein Ratschlag an dich: Versuche viel Musiktheorie zu lernen und zu verstehen, analysiere jedes Detail anderer Songs, um daraus so viel wie möglich zu lernen. Aber dann lege das alles beiseite, schenke dir ein Glas Wein ein (wenn du unter 16 bist, ist Kakao auch super :-), zünde eine Kerze an, oder mache, was auch immer dich in die richtige Emotion bringt, um die perfekte Melodie zu finden.

Wenn ich auf all die musikalische Arbeit zurückblicke, ist kein Plugin, kein DAW-Feature so wichtig wie die Discokugel, die wir in unserem Studio an die Decke montiert haben. Mit einem Knopfdruck kann man das Gefühl von „Party“ und „guter Laune“ aktivieren und es ist viel leichter, sich vorzustellen, wie ein Track im Club funktionieren würde.

Aber jetzt möchte ich an einem konkreten Beispiel eine erste Idee geben, wie man eine Melodie für einen Track finden kann.

1. Wir finden eine harmonische Struktur. In unserem Beispiel wählen wir vier Akkorde, die halbtaktig wechseln. Unser Akkord-Schema dauert also zwei Takte: A-Moll – D-Moll – E-Moll – A-Moll. Über diesen Akkorden finden wir eine Rhythmik für zwei Phrasen, die uns gefällt. Die erste Phrase stellt eine Frage, die zweite Phrase gibt eine Antwort.

   Sehr häufig sind Melodien in Achtel gespielt, aber natürlich ist jede andere Rhythmik auch möglich: Viertel, Sechzehntel, Achtel punktiert, Triolen, sowie jede Kombination davon. Starten wir einmal mit der einfachsten Variante: Die Achtel.

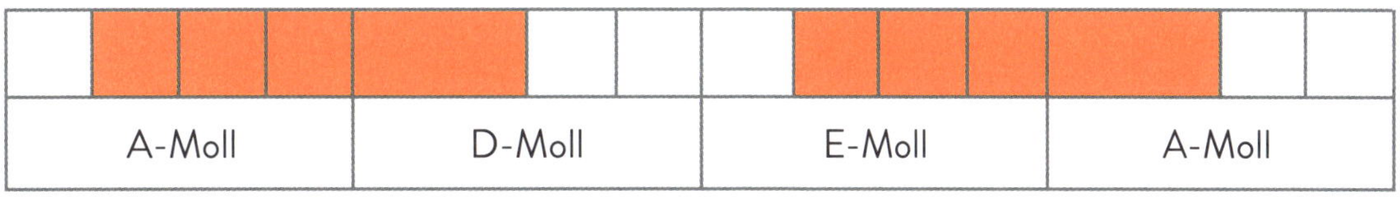

Abb. 66: Rhythmus für eine Melodie finden

2. Wenn wir eine Rhythmik, die uns gefällt, gefunden haben, widmen wir uns den Tönen. Die letzten Töne einer Phrase sollten immer auf einem Ton, der in der Harmonie enthalten ist, liegen. Die Anfangstöne können das auch, müssen es aber nicht zwingend. Um uns einer Melodie anzunähern, schlage ich vor, alle Töne auf Noten zu legen, die in der Harmonie enthalten sind. Der erste Akkord ist A-Moll, hat die Töne A, C und E und wir starten mit den ersten drei Noten auf dem E. Der zweite Akkord ist D-Moll, hat die Töne D, F, und A, also gehen wir zum Beispiel vom E hoch zum F. Der dritte Akkord ist E-Moll, hat die Töne E, G und H, also starten wir die zweite Phrase auf dem G. Der erste ist wieder A-Moll und wir gehen mit der letzten Note auf ein A.

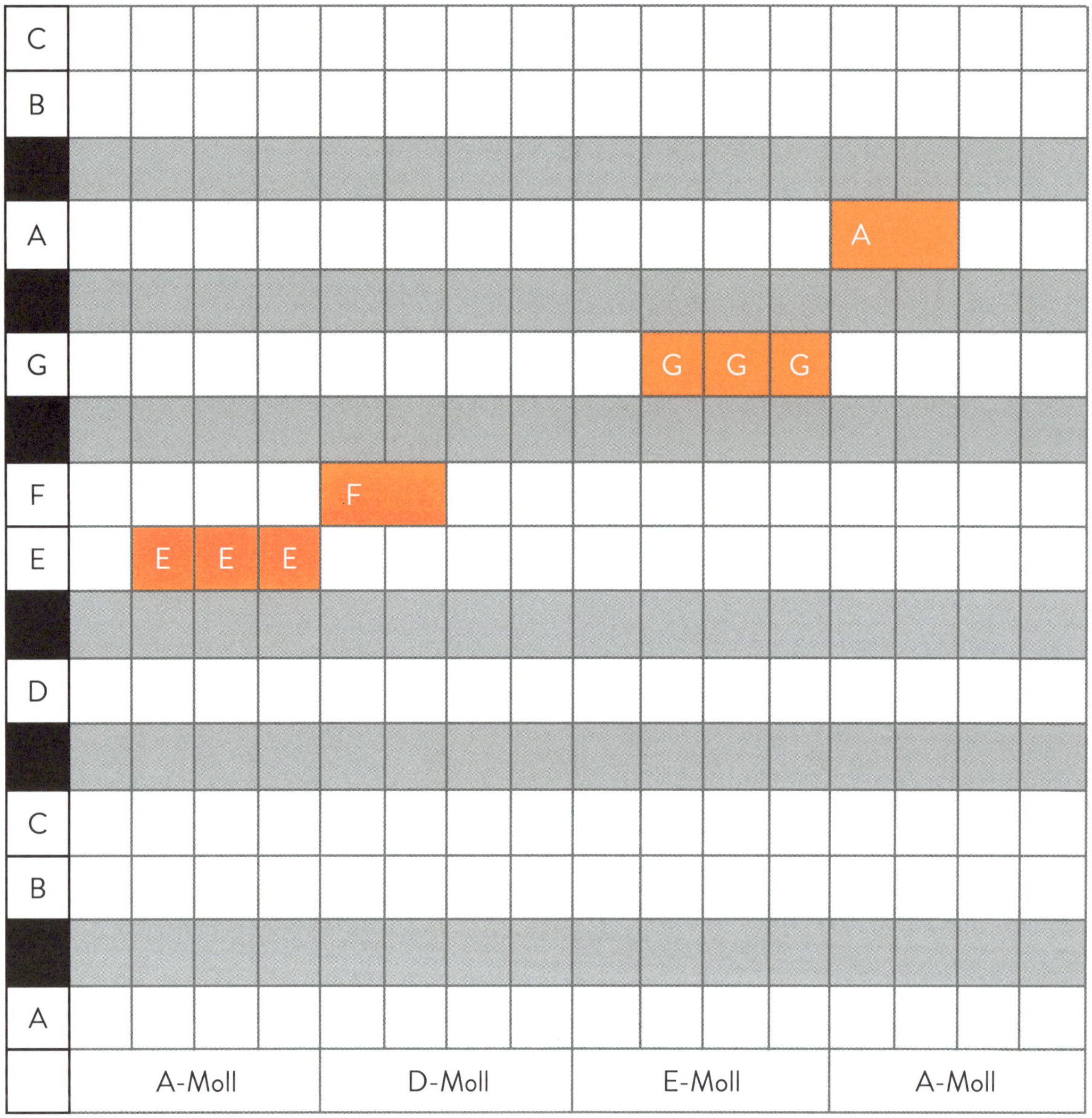

Abb. 67: Töne für die Melodie finden

3. Nun versuchen wir in das Ganze noch etwas mehr Bewegung zu bringen. Wir schieben die einzelnen Töne so lange herum, bis eine Melodie entsteht, die uns gefällt. Wichtig dabei ist, erst einmal auf Tönen zu bleiben, die in der jeweiligen Tonleiter sind. In A-Moll wären das die weißen Tasten.

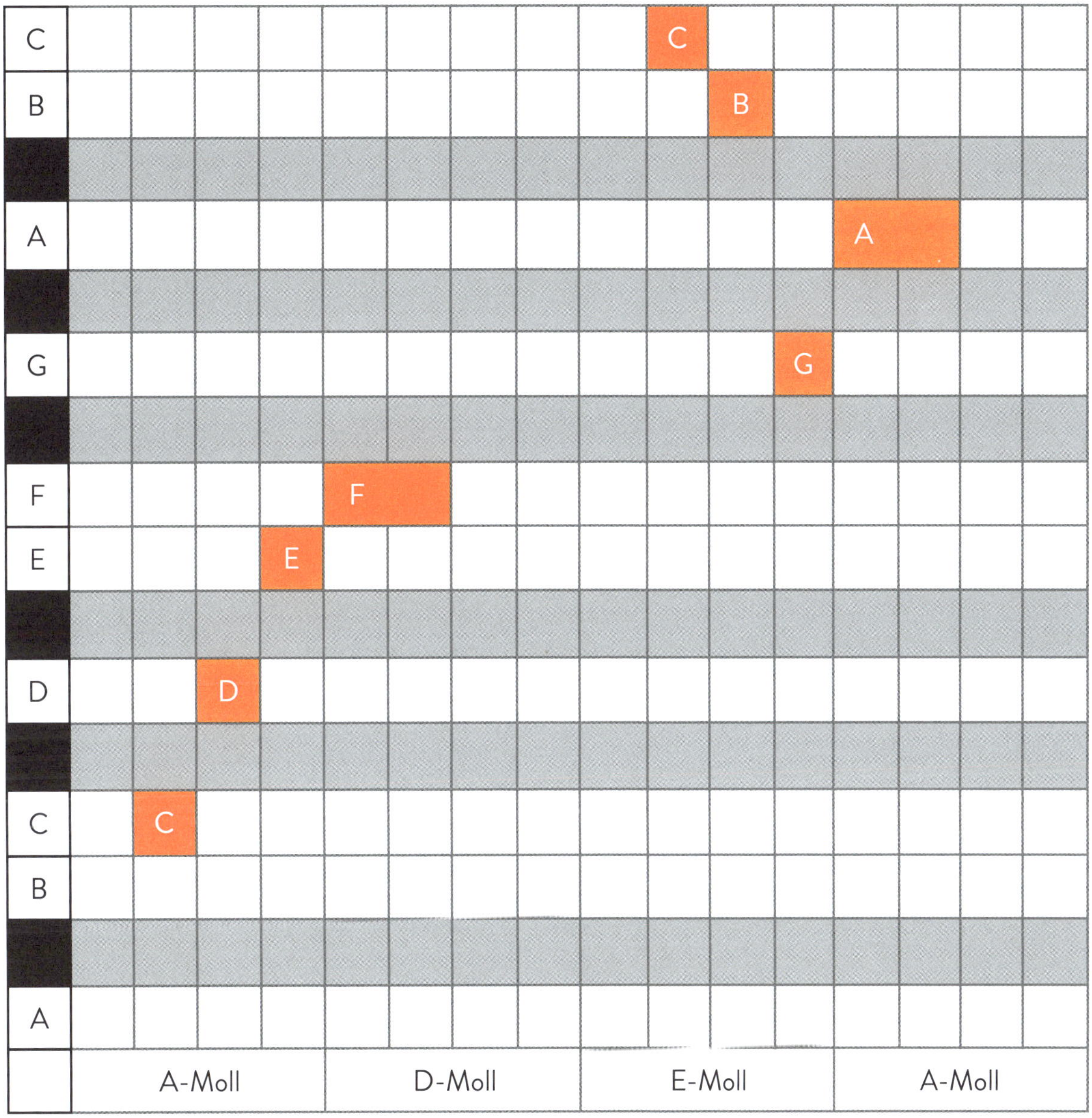

Abb. 68: Weiterführung der Melodie

4. Und jetzt kommt der wichtigste Punkt: die Discokugel! Wir hören uns die Melodie an und versuchen, uns vorzustellen, wie der Track mit dieser Melodie wirkt. Oft ist es sehr schwierig, sich die Melodie mit einem Klavier anzuhören, und zu verstehen, ob die Tonfolge gut ist oder nicht.

   Sehr hilfreich ist es, die Melodie einmal selbst zu singen, oder einen Sänger zu bitten, sie vorzusingen. Um sich gesungene Melodien besser vorstellen zu können, helfen manchmal auch technische Tools, um Gesang zu imitieren. Wie zum Beispiel der Vocoder oder das Plugin VOCALOID, eine Art virtueller Sänger als Software.

   Nun hören wir uns die eben komponierte Phrase einmal an und stellen Folgendes fest: Das ist eigentlich eine schöne Melodie, aber für einen Club-Track ist sie etwas zu „brav" geworden.

   Nun gibt es zwei Möglichkeiten, etwas cooler zu werden: Entweder reduzieren wir wieder die Anzahl der unterschiedlichen Noten, verwenden mehrmals den selben Ton, oder (dafür würde ich mich entscheiden) wir arbeiten mit vorgezogenen Tönen. Das sind Noten, die nicht auf dem Schlag landen, sondern eine Achtel (oder Sechzehntel) vor dem Beat. Dazu müssen wir unsere Phrase entweder eine Achtel früher starten oder die vier Töne auf je drei reduzieren. In folgendem Beispiel gehen wir den zweiten Weg:

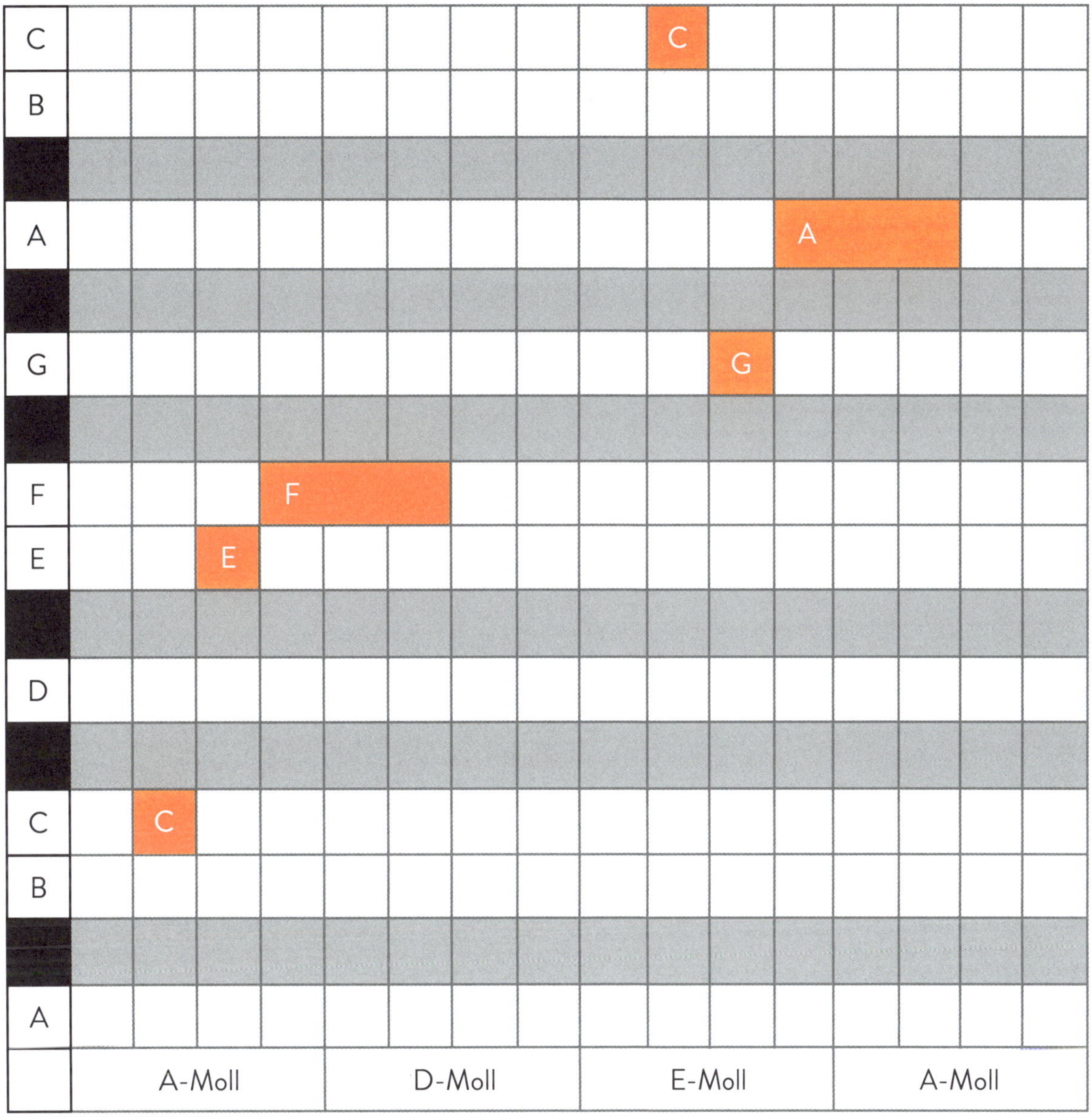

Abb. 69: Melodie mit vorgezogenen Noten

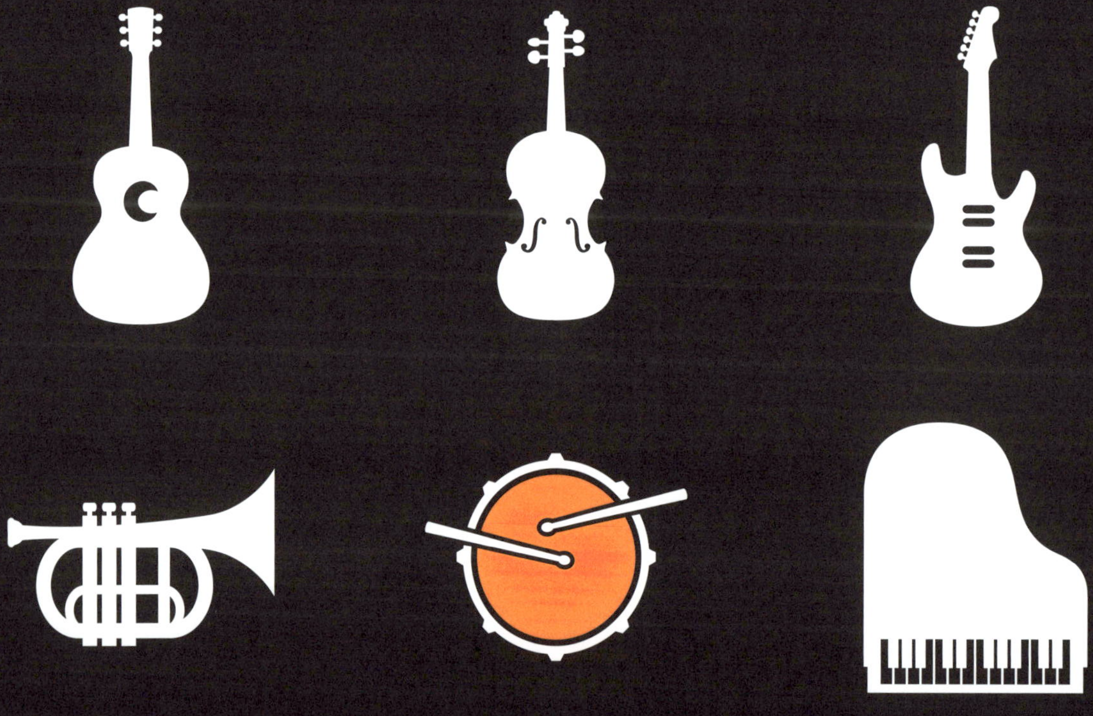

ARRANGEMENT

Wenn ich einen Track arrangiere, egal in welchem Genre, komme ich sehr oft an den Punkt, bei dem ich mich frage: Was braucht der Track noch, um „fertig“ zu sein? Dann hilft es mir, den Track in die Gruppen, die in diesem Kapitel verwendet werden, zu unterteilen: Drums, Bass, Soundeffekte, Chords (Akkord-Instrumente) und Lead-Instrumente. Ich habe dazu eine Art Check-Liste, die ich im Kopf durchgehe:

1. Habe ich alles gemacht, um die Drums spannend klingen zu lassen? Percussion, Breaks, Crashs etc.?

2. Hat der Track genügend Soundeffekte? Reverse Crashs oder weißes Rauschen mit aufsteigendem Filter in den Breaks? Braucht es noch andere Soundeffekte wie Drones, Sweepers, oder Ähnliches?

3. Gibt es genügend Akkord-Sounds? Pads, Klavier, Rhodes oder Arpeggiatoren?

4. Gibt es genügend Melodie in diesem Track?

Meist findet man ein Detail, bei dem das Arrangement noch nicht so ist, wie es sein sollte.

Dieses Kapitel soll dabei helfen, den Aufbau des Arrangements eines elektronischen Tracks besser zu verstehen.

DRUMS

Fast in jedem elektronischen Track bildet das Schlagzeug das Fundament. Dieses besteht meist aus der Kick (auch Bassdrum genannt), der Snare, die meist auf dem zweiten oder vierten Beat spielt und dabei meist von einem Clap gedoppelt wird, und der Hi-Hat, die in Achtel oder Sechzehntel spielt.

Zusätzliche Klangfarben bringen Percussion wie Shaker, Tamburin, Bongos, Congas oder andere perkussive Elemente. Während Percussion nur manchmal elektronisch von einem Synthesizer erzeugt werden, ist das bei Kick, Snare, Hi-Hat und Clap fast immer der Fall.

1981 brachte die Firma Roland die TR-808, zwei Jahre später die TR-909 auf den Markt. Diese zwei Drumcomputer sollten die elektronische Musik prägen wie kein anderer. Heute noch ist ein Großteil der verwendeten Sounds von diesen beiden Geräten oder zumindest davon inspiriert.

Wie beim echten Schlagzeug findet man am Ende einer Acht- bzw. Sechzehn-Takte-Gruppe ein kleines Break, das im nächsten Takt mit einem Crash auf der Eins abgelöst wird.

BASS

Sehr oft beobachte ich Leute, die sagen: „Wow, das Schlagzeug ‚groovt' echt gut!" und dann höre ich den Track und stelle fest: Die Kick spielt „Bum, bum, bum, bum", die straighten Viertel, Snare und Clap spielen ganz simpel auf Zwei und Vier.

Was ist es, das den Hörer glauben lässt, der Beat würde „grooven"? Es ist der Bass! Während das Schlagzeug einen ganz einfachen Four-to-the-Floor-Beat spielt, spielt der Bass eine interessante Rhythmik, die den Track zum „Grooven" bringt.

Bei House Musik hören wir meist einen echten Bass, also einen mit vier oder fünf Saiten. Oft ist dieser aber gefiltert, um etwas interessanter zu klingen. In Techno, Electro, House und vielen anderen Musikstilen, die unter den Oberbegriff „EDM" fallen, wird der Bass meist von einem Synthesizer gespielt.

Ein spannender Trend ist im Hip-Hop festzustellen. Dort wird mittlerweile oft eine lange TR-808-Bassdrum als Bass-Sample verwendet.

Im Jahr 2004 waren viele von uns gefesselt vom Track „Call on me" von Eric Prydz, bei dem immer, wenn die Kick ertönte, das gesamte Playback leiser wurde. Diesen Effekt nennt man „Kick-Ducking". Ein sogenannter Sidechain-Kompressor wird von der Kick getriggert. Das bewirkt, dass immer, wenn die Kick ertönt, alle Instrumente, die „geduckt" werden, kurz leiser werden. Um die Jahrtausendwende hörten wir viele Tracks, die mit diesem Effekt arbeiteten. Heute wird dieser Effekt fast nur noch auf dem Bass praktiziert. Es ist aber ein nicht mehr wegzudenkendes Element.

SOUNDEFFEKTE

Würde elektronische Musik von einer Band gespielt werden, gäbe es wahrscheinlich nicht viele Bands ohne den „Soundeffekt-Spieler“.

Der wohl wichtigste Effekt ist der „Reverse SFX” (auch wenn man diese Bezeichnung nicht bei Wikipedia findet). Ein Synthesizer erzeugt ein weißes Rauschen, das durch einen Bandpass-Filter läuft, um über einen oder mehrere Takte langsam anzusteigen. Wir finden dieses Rauschen meist in den Breaks über acht, sechzehn oder mehrere Takte. Das ist auch der Part, bei dem die Club-Besucher in der Regel die Arme hochreißen und laut schreien.

Oft finden wir auch ein gefiltertes weißes Rauschen am Beginn einer Acht- oder Sechzehn-Takte-Gruppe als Ersatz des Crashs.

Ansonsten wird vor allem im Techno sehr viel und gerne mit rhythmischen oder unrhythmischen Soundeffekten experimentiert.

CHORDS

Wir haben in diesem Buch viel über Akkorde gesprochen. Aber welche Instrumente spielen diese Akkorde? Das hängt sehr vom Genre ab! In der House-Musik finden wir viele echte Instrumente, wie das Klavier, ein Elektro-Piano (wie das Fender Rhodes) oder eine E-Gitarre. In anderen Stilen, vor allem im Electro House, finden wir meist Synthesizer, die mehr oder weniger gefiltert die Akkorde spielen.

Diese werden entweder nur einmal pro Akkord angeschlagen, mit einer speziellen Rhythmik gespielt, oder in nacheinander folgende Töne geteilt. Hierbei spricht man von arpeggierten Akkorden. Dazu kommt sehr oft ein Arpeggiator zum Einsatz. Das ist ein Modul eines Synthesizers, der die Einzeltöne des gespielten Akkordes in rhythmische Muster wiedergibt. Meist sind das einfache Achtel oder Sechzehntel, machmal aber auch komplexe Rhythmen.

LEAD-INSTRUMENTE

In vielen Tracks der elektronischen Musik finden wir keine Melodie, da der Track zu cool, zu „deep", oder zu „underground" dafür ist. Für alle anderen Tracks sind sie ein wichtiges Element. In der House-Musik können das echte Instrumente, wie Bläßer, Streicher, Gitarre oder Klavier sein. Im Elektro House brechen ganze Synthesizer-Wände auf uns ein und trällern eingängige Melodien.

Oft wird in der elektronischen Musik gerne mit beiden Elementen gespielt. Schöne Melodien, die uns davonschweben lassen, werden von bösen Beats und aggressiven Bässen abgelöst, und anders herum.

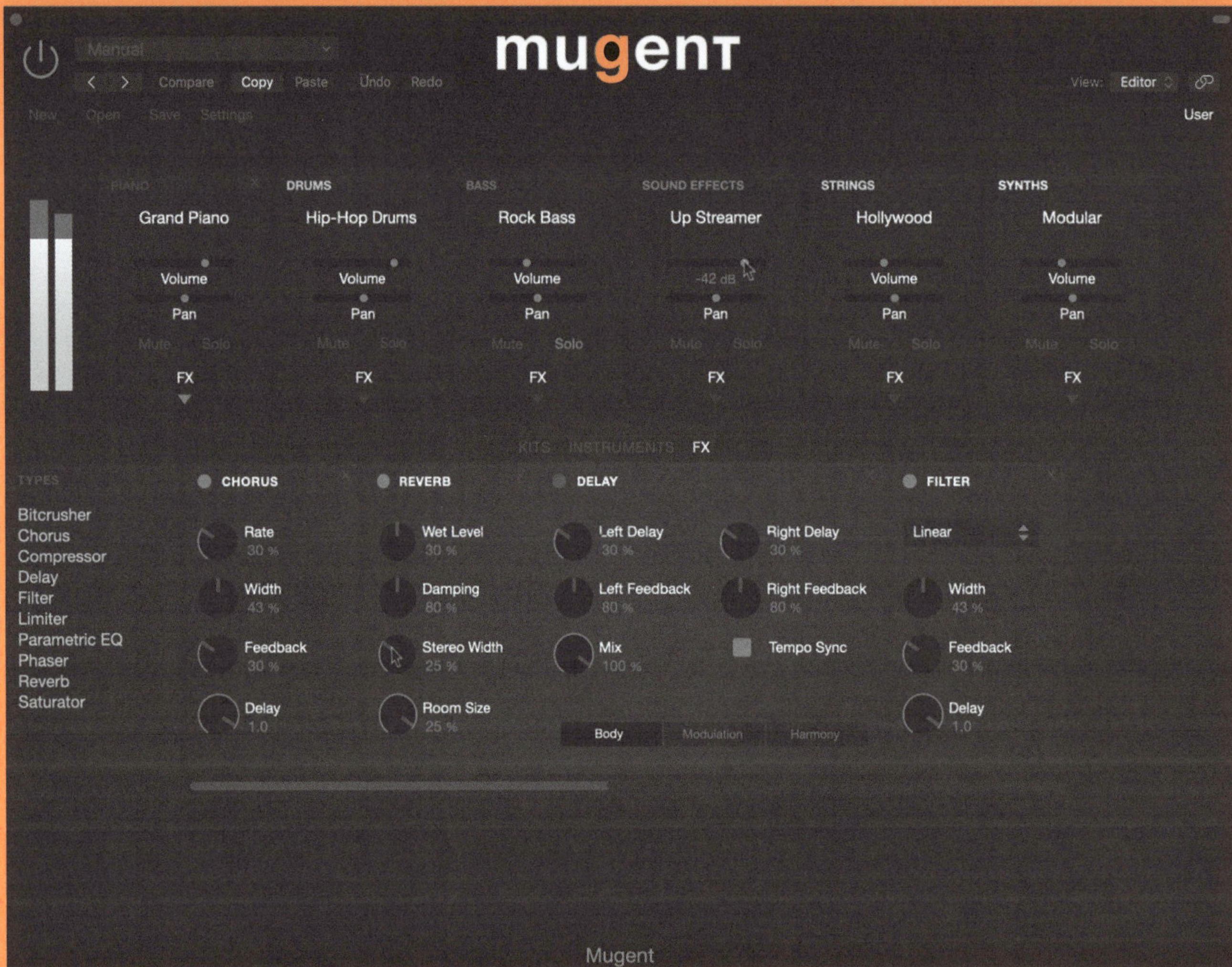
mugenT
Compare
Copy
Paste
Undo
Redo
View:
Editor
User
DRUMS
BASS
SOUND EFFECTS
STRINGS
SYNTHS
Grand Piano
Hip-Hop Drums
Rock Bass
Up Streamer
Hollywood
Modular
Volume
-42 dB
Pan
Solo
FX
FX
TYPES
Bitcrusher
Chorus
Compressor
Delay
Filter
Limiter
Parametric EQ
Phaser
Reverb
Saturator
CHORUS
Rate
30 %
Width
43 %
Feedback
30 %
Delay
1.0
REVERB
Wet Level
30 %
Damping
80 %
Stereo Width
25 %
Room Size
25 %
DELAY
Left Delay
30 %
Left Feedback
80 %
Mix
100 %
Right Delay
30 %
Right Feedback
80 %
Tempo Sync
FILTER
Linear
Width
43 %
Feedback
30 %
Delay
1.0
Body
Modulation
Harmony
Mugent

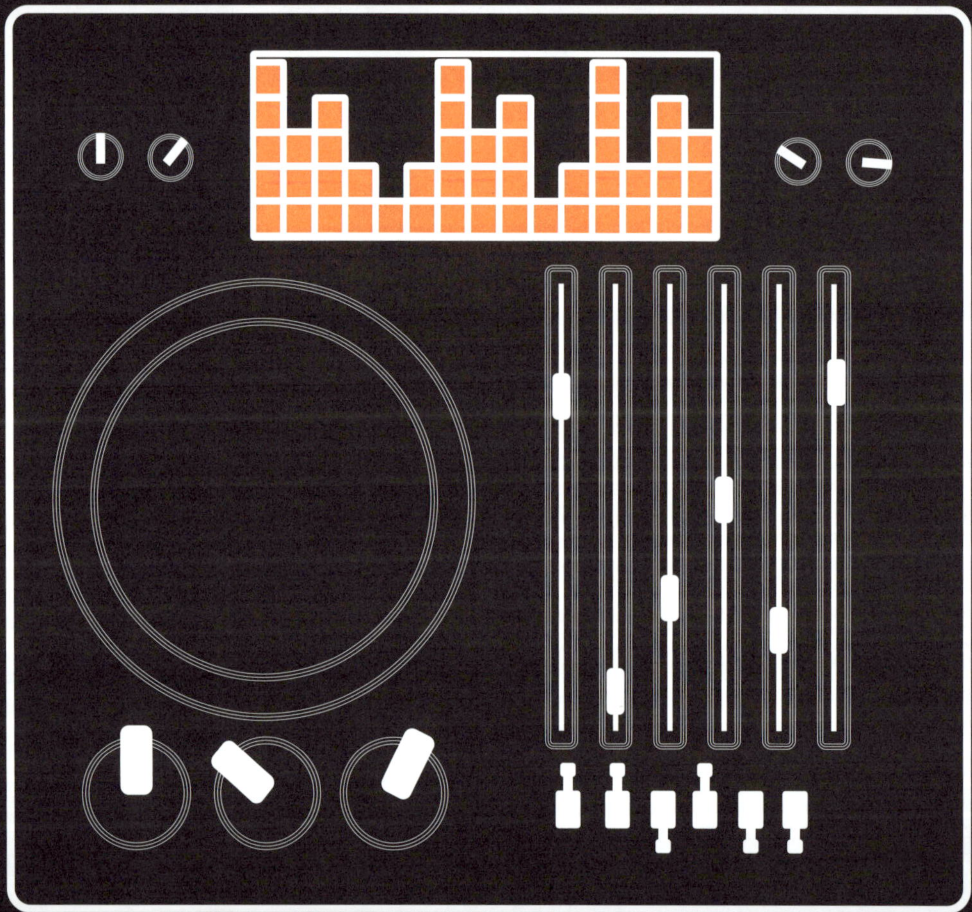

GENRES DER E-MUSIK

Lass mich dich auf eine kleine Zeitreise mitnehmen, in das Jahr 1970. In Deutschland, auf einer Veranstaltung namens „Karussell für die Jugend“ performen auf der Bühne drei Jungs mit 155 bpm. Klaus Dinger sitzt am Schlagzeug und tritt mit seinem rechten Fuß mit voller Kraft die Viertel in die Bassdrum. Die Off-Beats spielt er auf Snare und Hi-Hat. Ralf Hütter trägt um seinen Hals ein Tubon, eine kleine elektronische Orgel zum Umhängen, aus dem er ein Feuerwerk von Sägezahn-ähnlichen, monotonen Tönen abfeuert. Die Reaktion des Publikums ist geteilt. Die eine Hälfte hat verschränkte Arme und schaut etwas entsetzt, so als wollte sie sagen: „Das können die doch nicht ernst meinen.“ Die andere Hälfte sitzt headbangend am Boden und klatscht begeistert in die Hände, so wie man das später auf vielen Raves und Techno-Parties sehen wird.

Für mich war dieses Konzert die erste Live Performance eines Techno-Tracks in der Geschichte. Der dritte junge Mann auf der Bühne trägt den Namen Florian Schneider-Esleben. Zusammen nennen sich die drei Jungs „Kraftwerk“ und sind sich in diesem Moment wahrscheinlich nicht bewusst, dass sie noch Jahrzehnte später für viele Menschen die Inspiration für elektronische Musik sein würden. Sowohl im Hip-Hop als auch im Techno und im House erklären DJs und Produzenten immer wieder, dass die Wurzeln ihrer Musik bei Kraftwerk liegen.

In diesem Kapitel möchte ich auf die einzelnen Musikstile der elektronischen Musik eingehen und die wichtigsten musikalischen Merkmale bzw. Unterschiede beleuchten.

TECHNO

„Techno ist Musik, die nach Maschine klingt", erklärte WestBam in einer TV-Sendung des WDRs. Man sagt, Techno hat 120–160 bpm. Das stimmt auch. Aber die meisten aktuellen Tracks haben um die 125 bpm. Techno wird von elektronischen Instrumenten geprägt. Daher sind in einem Techno-Track eher selten eine Gitarre, ein Saxophon oder eine Flöte zu hören. Die meisten Sounds stammen aus einem Synthesizer, einer Drum Machine oder sind elektronisch verfremdete Soundeffekte.

Die Drum Sounds im Techno haben alle ihre Wurzeln in der TR-909 und der TR-808 der Firma Roland. Lange Zeit wurden die Beats für Techno mit diesen Geräten programmiert. Heute nutzen die meisten Produzenten Samples, die aus diesen Geräten stammen oder sich zumindest an deren Sound orientieren.

Einige Techno-Tracks haben keine erkennbare Tonalität, da sie nur eine rhythmische Komposition aus Geräuschen sind. Diejenigen mit einer erkennbaren Tonalität, basieren oft nur auf einem Akkord, selten auf mehr als zwei Akkorden. Elektronische Musik wird oft von DJs gemacht, die einfach nur mit irgendwelchen Samples experimentieren. Dadurch ist es keine Seltenheit, dass in einem Techno-Track Elemente in unterschiedlichen Tonarten verwendet werden, was einen ungewöhnlichen und speziellen Sound erzeugt.

Die Komposition basiert auf repetitiven Arrangements. Das bedeutet, im Vergleich zu einem Popsong, bei dem sich eine Melodie über viele Takte zieht, finden wir in einem Techno-Track meist eintaktige Pattern, die in einem Loop laufen. Meist kommt nach acht Takten ein neues Element dazu und bzw. oder ein Element stoppt. Der letzte Takt einer Acht-Takte-Gruppe hat oft ein kleines Break, um die nächste Achter-Gruppe vorzubereiten.

Auch wenn jeder Techno-Track anders ist, gibt es doch verschiedene Elemente, die man immer wieder findet:

MIXING-SECTION

Die Mixing Section befindet sich im Intro und im Outro eines Tracks. Diesen Part nutzen die DJs, um einen Übergang vom letzten Track in den nächsten Track zu machen. Diese Parts, die in etwa 32 Takte lang sind, sind in der Regel sehr reduziert. Im Intro-Part hören wir meist eine Bassdrum, die die Viertel spielt, auf der sich meist ein percussives Arrangement aufbaut. Das Outro ist dem Intro nicht so unähnlich, nur dass es an Dynamik nicht zu-, sondern abnimmt. Weiters sind die Beats im Outro oft schon gefiltert, um dem nächsten Track mehr Platz zu machen.

BREAK

Der wohl wichtigste Part in einem Techno-Track ist das Break. Dieser scheint sich bis unendlich nach oben zu drehen und sagt dem Publikum: „Gleich geht's hier so richtig ab!" Am Dancefloor beobachtet man meist, wie die Leute im Break die Hände heben und begeistert schreien. So ein Break dauert zwischen 8 und 49 Takten. Das Charakteristische an einem Break ist, dass entweder der Bass und der gesamte Beat oder zumindest die Bassdrum pausieren.

Oft hört man sogenannte „Sweeper" Soundeffekte, auf denen ein Filter die Frequenz immer weiter nach oben dreht. Man spricht auch von „Synth risers", also tonale Synthesizer, die sich über vier, acht oder mehr Takte nach oben bewegen.

Manchmal spielt die Snare hämmernde Achtel, die sich dann mit Sechzehntel steigern. Dies bezeichnet man auch als „Snare Roll". In jüngeren Produktionen spielt die Snaredrum auch interessante Rhythmus-Muster, die sich auch meist steigern.

Bei vielen Tracks setzt im Break das gesamte Arrangement aus und ein sphärisches Arrangement übernimmt. Nicht selten findet man in diesen Parts auch Gesänge, die meist mit viel Hall und Delay verziert sind. Und oft endet das Break mit einer Pause von ein bis zwei Takten. Der Part, der danach einsetzt, wird seit einiger Zeit auch gerne als „Drop" bezeichnet. Dieser ist meist sehr hart, hat keine Flächen-Sounds, sondern ist auf Bass und Beat reduziert.

Folgende Grafik zeigt einen typischen Aufbau eines Techno-Tracks. (Ein Kästchen entspricht acht Takten.)

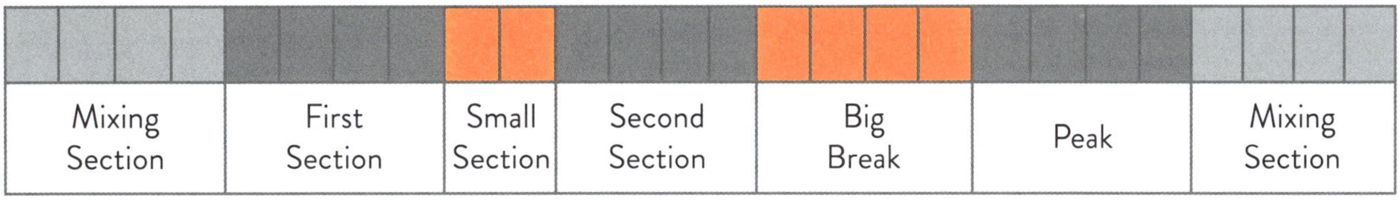

Abb. 70: Typischer Aufbau eines Techno-Tracks

BEISPIELE ZU TECHNO:

Carl Cox – Lost

Richie Hawtin – Core Resonance

HOUSE

House-Musik entstand 1977 in einem damals neuen Club namens „The Warehouse“ in Chicago. Frankie Knuckles mixte alte Disco-Klassiker mit Eurobeat-Pop. Während Techno hauptsächlich mit elektronischen Sounds arbeitet, wird House-Musik stark durch echte Instrumente definiert. Percussion, Electro-Gitarre, Electro-Bass, Electro-Piano, Streicher, Bläßer und andere Instrumente, die ihre Wurzeln im Funk, Soul und Disco haben, sind keine Seltenheit.

Ein wesentlicher Unterschied zu Funk, Soul bzw. Disco besteht in den repetitiven rhythmischen Pattern. Das sind kurze Loops bzw. Phrasen, meist in der Länge von einem, manchmal aber auch zwei oder vier Takten, die sich über längere Zeit wiederholen.

Der Aufbau eines House-Tracks ist dem eines Techno-Tracks sehr ähnlich: Mixing Section im Intro und Outro, ca. 2-4 Breaks zwischen den Haupt-Parts.

Im Gegensatz zu Techno-Tracks haben die meisten House-Tracks so gut wie immer eine definierte Tonlage. Oft bleibt der Track auf einer Harmonie. Selten findet man mehr als vier Akkorde. Bei vielen House-Tracks sind diese Akkorde nur im Break zu hören. Der restliche Track bleibt auf der Grundstufe. Ähnlich wie im Techno findet man nur sehr selten einen Track in Dur. Der Großteil der elektronischen Musik ist in Moll.

BEISPIELE ZU HOUSE:

Erick Morillo – Medication

Robosonic – In Arms

DEEP HOUSE

Deep House stammt definitiv von der House-Musik ab. Der wesentliche Unterschied ist, dass House ein langsameres Tempo von 100 – 125 bpm hat, viele Jazz-Elemente und viel Gesang hat. So findet man Deep House sehr oft als Background Musik in coolen Lokalen, während man House eher in den Clubs hört. Breaks spielen durchaus auch eine Rolle, jedoch haben sie selten treibende Elemente, die zum Ende des Breaks hin steigen.

BEISPIELE ZU DEEP HOUSE:

Oliver Schorles – Maia

N-You-up – Jazz Bar

ELECTRO HOUSE

Neben dem etwas schnelleren Tempo von 128 bis 130 bpm sind die brachialen Synthesizer charakteristisch für diese Musik. Kein anderer Stil der elektronischen Musik hat so viele Melodien, die von Sägezahn-ähnlich klingenden Synthesizern gespielt werden.

Viele Tracks bleiben auf der ersten Stufe, aber einige basieren auf einem simplen Akkord-Schema. Sehr charakteristisch für diese Musik ist die Zweistimmigkeit. Anstatt mit Akkorden zu arbeiten, konzentriert man sich auf einen Bass und ein Lead-Instrument.

BEISPIELE ZU ELECTRO HOUSE:

Afojack – Let It Rip

Tujamo – Getting Money

PROGRESSIVE HOUSE

Man findet einige Gemeinsamkeiten zwischen Electro House und Progressive House: Beide verwenden ein eher schnelleres Tempo von 128 bis 130 bpm, in beiden Stilen finden wir neben den Drums hauptsächlich Synthesizer. Doch hier findet man bereits klare Unterschiede in der Spielart, sowie im Sound der Synthesizer.

Während beim Electro House brachiale Sägezahn-Klänge eingängige und hymneartige Melodien spielen, findet man im Progressive House etwas coolere Synthesizerklänge, die manchmal an ein Zupfinstrument erinnern.

Die meisten Tracks begnügen sich mit der Grundstufe (in Moll). Die wenigen, die mit mehreren Harmonien arbeiten, haben langsame Akkordwechsel, bringen also jedem zweiten Takt eine neue Harmonie.

Ich finde, kein anderer Musikstil ist so stark von Jean Michel Jarre inspiriert wie Progressive House.

BEISPIELE ZU PROGRESSIVE HOUSE:

Armin van Buuren – United

Lane 8 – Visions

TECH HOUSE

Wie der Name unschwer vermuten lässt, verwendet Tech House sowohl Elemente des Technos wie auch der House-Musik.

Tech House bleibt eigentlich immer auf der Grundstufe. Neben interessanten Bassriffs findet man auch häufig kurze und reduzierte Gesang- oder Melodie-Phrasen.

BEISPIELE ZU TECH HOUSE:

Mark Fanciulli – The Tide (Joris Voorn Edit)

Angelo Ferreri – Off Screen

DUBSTEP

Dubstep ist mit 130 bis 145 bpm angegeben. Viele Tracks sind aber tatsächlich exakte 140 bpm. Sehr charakteristisch an Dubstep ist auch, dass das Tempo ständig zwischen Half- und Double-Time zu wechseln scheint. Befindet man sich gerade noch in 140 bpm, startet ein Beat, der das halbe Tempo zu haben scheint, da die Kick nur auf der Takt-Position auf der „Eins“ spielt und die Snare auf der „Drei” (statt auf der Zwei und Vier).

So etwas wie Harmonien findet man nur extrem sparsam und eher in den Breaks. Meist führen harte Lead-Basslines mit kreativem Sounddesign.

BEISPIELE ZU DUBSTEP:

Must Die! – Chaos

Gammer – Forever

HIP-HOP

Hip-Hop ist mit 60 bis 120 bpm das untere Ende der elektronischen Musik. Das wichtigste Instrument ist der Rap-Gesang. Die Drum-Sounds werden gerne von der in 1981 erschienenen Drum Machine TR-808 verwendet.

Sehr häufig findet man in letzter Zeit auch eine sehr lange TR-808-Kick als tiefen Bass-Sound wieder.

Hip-Hop ist eigentlich immer in Moll, bleibt manchmal auf der Grundstufe, aber verwendet durchaus auch mehrere Harmonien.

BEISPIELE ZU HIP-HOP:

Drake – In My Feelings

Cardi B – Bodak Yellow

DRUM AND BASS

„Drum 'n' Bass“ entstand der Sage nach, als ein DJ eine Funk-Platte mit zu hohem Tempo abgespielt hatte. Drum and Bass befinden sich somit zwischen 160und 190 bpm. Die Bassdrum spielt auf der Takt-Position „Eins“ und meist eine Achtel nach der “Drei”, während die Snare klassisch auf der “Zwei” und der “Vier” ertönt.

BEISPIELE ZU DRUM AND BASS:

Camo & Krooked – Loa

Here Barrington Levy – I Com

GENRE MIT BPM-ANGABE

Techno	120–140 bpm
House	120–130 bpm
Hip Hop	60–120 bpm
Electro House	128–130 bpm
Progressive House	125–130 bpm
Deep House	100–125 bpm
Tech House	120–130 bpm
Dubstep	130–145 bpm
Minimal	120–125 bpm
Future House	125–130 bpm
Drum and Bass	160–190 bpm
Trance	130–135 bpm
Minimal House	120–125 bpm
Minimal Techno	128–130 bpm
Jungle	150–200 bpm
Psytrance / Goa	130–150 bpm
Dub / Reggae	60–90 bpm

HÖRBEISPIELE

Die in diesem Buch grafisch dargestellte Beispiele stehen online zum Anhören zur Verfügung.

Auf meinem Youtube-Kanal „Thomas Foster Musikproduktion" findest du das Video mit dem Titel „EDM komponieren – Basics der elektronischen Musik (Hörbeispiele)"

Dieses Video kannst du aber auch über einen QR-Code-Reader schnell und bequem abrufen:

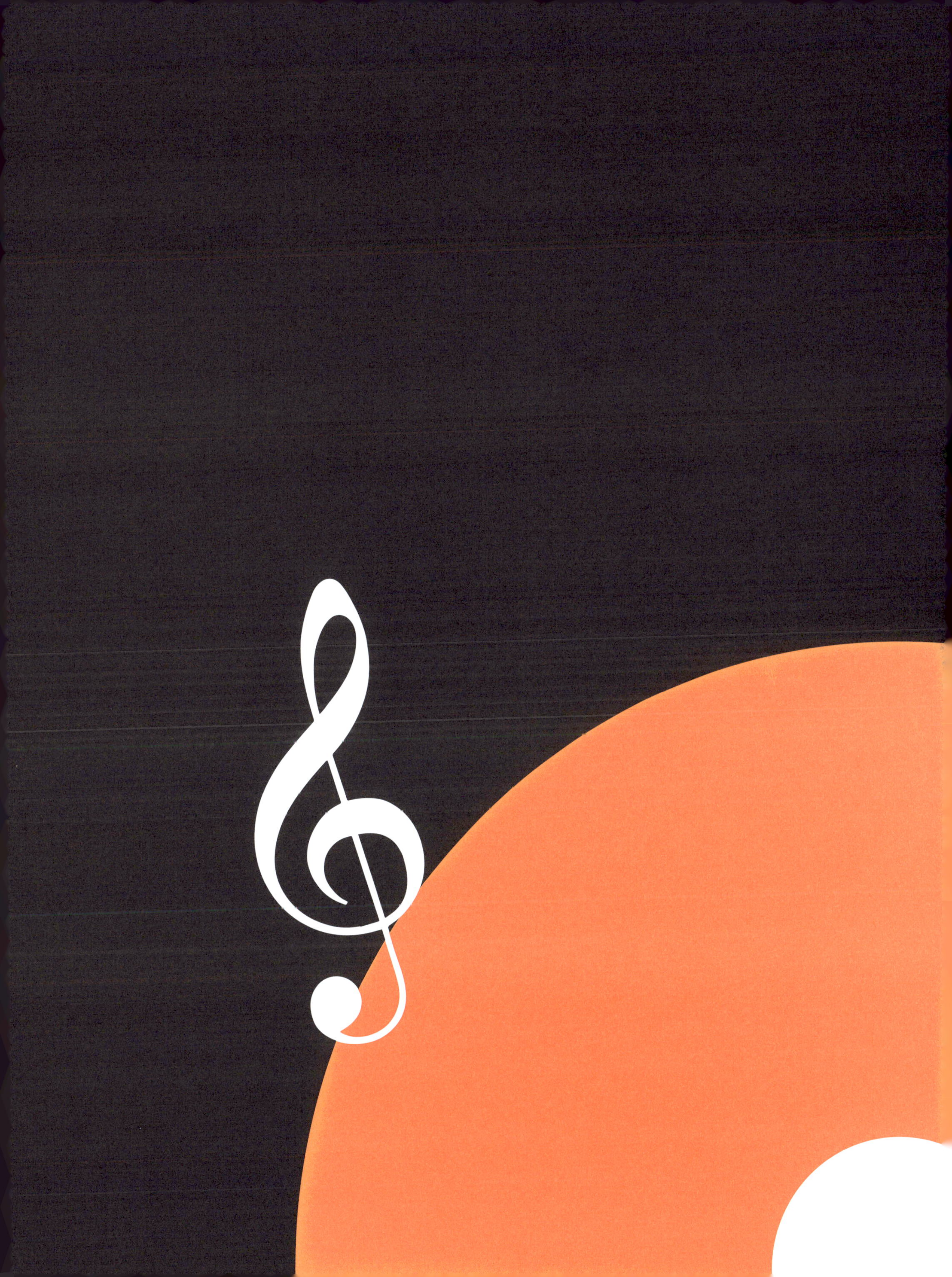

SCHLUSSWORT

Musiktheorie ist eine sehr trockene Sache. Dabei ist das, was man damit machen kann, genau das Gegenteil. Für mich gibt es nichts anderes auf der Welt, das so viel Emotion und Begeisterung in Menschen auslösen kann. Zwei Töne sind einfach nur ein Intervall. Aber bereits die zwei richtigen Töne, mit der richtigen Rhythmik und dem richtigen Sound, können bereits ein kleines Werk sein und in Menschen große Gefühle erwecken.

Ich hoffe, ich konnte dir mit diesem Buch ein Grundverständnis dafür geben, wie man aus mehreren Tönen einen Akkord bilden kann, wie man mehrere Akkorde aneinander reihen kann, um eine schlüssige Chord-Progression bzw. Harmoniefolge zu schreiben, und wie man darauf eine Melodie entwickeln kann. Jetzt liegt es an dir, aus diesem Wissen Magie zu schaffen.

Vielleicht denkst du dir an dieser Stelle: „Aber ich weiß doch längst noch nicht alles, was es zum Thema Musiktheorie zu wissen gibt." Damit hast du natürlich recht! Aber die erfolgreichsten Songs sind so gut wie nie die, die die meisten und komplexesten Akkorde enthalten, sondern die, die mit ganz einfachen Mitteln große Emotionen erzeugen. Das war schon vor vielen hundert Jahren so und trifft auf die heutige Pop- und EDM-Musik noch viel mehr zu.

Ab jetzt liegt es an deiner Kreativität, was du daraus machst. Wichtig ist: Hab Spaß dabei und lass deine Fans an diesem Spaß teilhaben!

Wenn dir dieses Buch gefallen hat, freue ich mich über deinen Besuch bei mir im World Wide Web. Dazu gibt es folgende Möglichkeiten:

1. **Mein Youtube Channel „Thomas Foster Musikproduktion“**

   Auf meinem deutschsprachigen Youtube-Channel dreht sich alles um das Thema Musikproduktion. Hier findest du Tutorials zu den wichtigsten DAWs wie Ableton Live, FL Studio, Logic Pro und Cubase sowie zu den wichtigsten Plugins wie Omnisphere, Avenger oder denen der Firma Native Instruments.

2. **Die Webpage MUGENT.com**

   Hier findest du die coolsten Drum- und Percussion-Samples, die fettesten Drum und Percussion-Beats und vieles mehr an Audiofiles zum kostenlosen Download, sowie den Mugent Player. Diesen kannst du gratis downloaden. Alle Sounds sind in der Cloud und können direkt in das Plugin geladen werden. Fast jeden Monat erscheinen neue Instrumente, im Sound der aktuellen Charts und Clubmusik.

3. **Der Podcast „Thomas Foster Musikproduktion“**

   Alle zwei Wochen erscheint eine neue Folge meines Podcasts in dem sich alles um das Thema Musikproduktion dreht. Zu hören ist dieser natürlich kostenlos auf Spotify, Apple Music, Amazon Music und allen anderen Plattformen, auf denen man Podcasts hören kann.

4. **Meine Facebook-Gruppe „Thomas Foster Musikproduktion (german group)“**

   Hier kannst du mit mir und Gleichgesinnten zum Thema Musikproduktion diskutieren und Fragen stellen.

Zum Schluss möchte ich mich noch bei einigen Personen bedanken, die wichtig für dieses Buch waren:

Danke an Lila Schütz und an meine Schwester Sabine Kocher! Ohne euch würden alle mitbekommen, wie schlecht meine Rechtschreibung ist.

Danke an meinen Freund Peter Kent, für eine über 40 Jahre anhaltende Partnerschaft. Ein bisschen ist es auch dein Buch, denn ein Großteil des hier abgebildeten Wissens haben wir uns zusammen erarbeitet.

Danke an meine Verlobte Tatjana! Seit dem ich mit dir zusammen bin, verwirkliche ich all die Dinge, von denen ich früher nur geträumt habe.

Weiters bedanke ich mich für die Hilfe an diesem Buch bei

- meiner Tochter Lara Kebsak
- Bernhard Baumgartner
- Paul Leitner
- Robert Zimmer
- Christian Hornbostel
- Michael Frankenberger
- Lukas Berger

und an all meine Abonnenten, die mir geholfen haben, zu verstehen, wie Menschen, die damit anfangen, sich mit Musikproduktion zu beschäftigen, denken.

Der Hauptdank geht aber an meinen kürzlich verstorben Vater: Ohne deine unglaubliche Unterstützung, vor allem in meiner Kindheit, hätte ich heute nicht so einen spannenden Job und würde mich nicht jeden Montagmorgen auf meine Arbeit freuen.

Tim Renner, der ehemalige CEO von *Universal Music* und Gründer von *Motor Music Recordings*, war so freundlich, einen Blurb für dieses Buch zu schreiben:

„Praktisch beginnt mit „EDM komponieren – Basics der elektronischen Musik" der Punk von Neuem: Jeder kann nach der Lektüre dieses Buches Musik produzieren und vielleicht sogar ein Star werden! Das Versprechen von Sex Pistols, Ramones & Co. funktionierte durch Reduktion (3 Akkorde reichten für einen Song), das Versprechen von Autor Thomas Foster basiert auf Digitalisierung. In seinem Buch zeigt er auf, wie man Ableton, FL Studio, Cubase und andere digitale Hilfsmittel beherrscht, um eigenständig mixen und produzieren zu können. Er leitet damit einen großen Demokratisierungssprung in der Musikproduktion ein. Das muss einem alten Punk wie mir, aber auch jedem jungen Talent gefallen! Die Musikproduktion ist mit „EDM Komponieren – Basics der elektronischen Musik" einfacher und somit freier geworden! Gabba, gabba, hey!"

Prof. Tim Renner (ehemals Mitglied bei den *Quälenden Geräuschen,* CEO der Universal, Staatssekretär für Kulturelle Angelegenheiten des Landes Berlin und noch immer an der Popakademie Mannheim lehrend)

Vielen Dank, Tim!

ABBILDUNGSVERZEICHNIS

DIR HAT DAS BUCH GEFALLEN?

Ich freue mich sehr, dass du mein Buch bis zu dieser Stelle gelesen hast. Wenn es dir gefallen hat, wäre es toll, wenn du ihm bei dem Online-Shop eine Bewertung gibst, bei dem du bestellt hast. Oder du schreibst bei einem deiner Lieblings-Buchportale eine Rezension.
Es ist nicht nur sehr schön, Meinungen zu meinem Buch zu lesen. Außerdem hilft es mir auch dabei, weitere Bücher zu schreiben und neue Leser für meine Bücher zu finden.

KAMPENWAND
VERLAG